ARQUITECTURA ESPIRITUAL

UN ENFOQUE PERSONAL PARA RECONSTRUIR TU VIDA ESPIRITUAL

Mateo 7:24-27

Cualquiera, pues, que me oye estas palabras, y las hace, le compararé a un hombre prudente, que edificó su casa sobre la roca. Descendió lluvia, y vinieron ríos, y soplaron vientos, y golpearon contra aquella casa; y no cayó, porque estaba fundada sobre la roca. Pero cualquiera que me oye estas palabras, y no las hace, le compararé a un hombre insensato, que edificó su casa sobre la arena; y descendió lluvia, y vinieron ríos, y soplaron vientos, y dieron con ímpetu contra aquella casa; y cayó, y fue grande su ruina.

DIEGO COLON BATIZ

© 2026 "Arquitectura Espiritual". Por Diego Colón Batiz.
Todos los derechos reservados. Prohibida la reproducción total o parcial de esta obra por cualquier medio sin la debida autorización del autor.
ISBN: 979-8-9933302-6-6
Library of Congress Control Number: 2026904489
Publicadora 'Diego Colon Ministries'.
Teléfono: 407-900-1995
Email: pastor.diegocolon@gmail.com
Orlando, Florida, EE. UU

Creado por: Diego Colon Ministries
Diseños: Diego Colón

DEDICATORIA

Dedico este libro, primeramente, a mi Señor Jesucristo, el Maestro Constructor de mi vida, sin cuya gracia nada tendría sentido.

A mi amada esposa, compañera fiel en cada etapa del ministerio, y a mis hijos, que son columnas de gozo y esperanza en medio de cada proceso.

A la iglesia que pastoreo, que con sus luchas y victorias me recuerda a diario que la obra de Dios se edifica piedra sobre piedra, con paciencia, verdad y amor.

Y a cada creyente que, con sinceridad, desea examinar su corazón y dejar que el Arquitecto divino reconstruya su vida para gloria de Dios.

PROLOGO

En esta obra, el Obispo Diego Colón Batiz se inspira en la figura de la construcción, utilizando imágenes bíblicas que ilustran el proceso de edificar la vida espiritual. Desde el inicio, el libro establece que todo creyente está involucrado en una obra en desarrollo, donde cada decisión contribuye a la estructura que se está levantando.

El fundamento de esta edificación es claramente definido como Cristo, sobre quien debe construirse toda vida cristiana auténtica. A partir de ese fundamento, el libro explica que los materiales de construcción son las prácticas espirituales, acompañadas de entrega, constancia y compromiso personal.

La obra desafía al lector a asumir la responsabilidad de su propio crecimiento espiritual, comprendiendo que nadie puede edificar por él. El libro invita a cada creyente a convertirse en el arquitecto consciente de su vida cristiana, edificando con intención, madurez y fidelidad al diseño divino.

Yattenciy Bonilla

PREFACIO

Este libro nace como una continuación natural de *El mensaje perdido: Restaurando el corazón del evangelio en la Iglesia de hoy*. En aquella obra señalamos el estado crítico de muchas congregaciones modernas, polarizadas y debilitadas al perder la esencia del evangelio. Sin embargo, mientras escribía y oraba, entendí que la raíz de ese problema no se encuentra solo en las estructuras congregacionales, sino en la vida individual de cada creyente.

Las iglesias no se pierden en lo abstracto; se desvían porque sus miembros, piedra tras piedra, levantan muros con materiales frágiles. Lo que vemos a nivel colectivo es el reflejo de lo que sucede en lo personal. Por eso este libro da un giro de enfoque: de las congregaciones pasamos ahora al individuo, de lo externo a lo íntimo, de la fachada a los cimientos.

Como pastor, he visto a muchos luchar con la sensación de que su vida espiritual se tambalea, que los muros no resisten, que su fe se quiebra en la tormenta. He visto a creyentes desanimarse porque edificaron sobre motivaciones pasajeras o sobre emociones, y no sobre la roca firme que es Cristo. Este libro es para ellos, pero también para cada lector que, con humildad, desea examinar su propia construcción y permitir que el Arquitecto divino restaure lo que está torcido.

Mi oración es que cada página provoque reflexión y decisión. Que no leas estas líneas como teoría, sino como un plano de obra para tu vida. Que al avanzar por cada capítulo sientas la confrontación, pero también la esperanza: no importa qué tan débil esté tu edificio hoy, Dios puede reconstruirlo si lo permites. Que este libro sea para ti un andamio de corrección y un martillo de edificación, hasta que tu vida entera se convierta en un templo sólido donde habite la gloria de Dios.

INTRODUCCIÓN

Cuando escribimos *El mensaje perdido: Restaurando el corazón del evangelio en la Iglesia de hoy*, nuestro enfoque fue congregacional. Allí señalamos cómo el cuerpo de Cristo, en muchas partes del mundo, se ha fragmentado, polarizado y debilitado al perder la esencia del evangelio. Mostramos que la iglesia moderna, en muchos casos, ha levantado un edificio lleno de grietas: con fundamentos contaminados, pilares torcidos y muros que aparentan firmeza, pero que no sostienen el peso de la gloria de Dios.

Sin embargo, al concluir aquella obra, una verdad se volvió evidente: los males que aquejan a las congregaciones no nacen en el aire, sino en la vida individual de los creyentes. Cada iglesia es el reflejo de quienes la componen. Si los miembros edifican con materiales frágiles, la congregación entera se resquebraja. Si los creyentes construyen sin alinearse al plano de Dios, la iglesia en su conjunto termina distorsionada. Por lo tanto, antes de hablar de estructuras comunitarias, debemos regresar al terreno más íntimo: el corazón de cada hijo de Dios.

De allí nace este libro: *Arquitectura Espiritual: Un enfoque personal para reconstruir tu vida espiritual*. Aquí no nos limitaremos a denunciar los errores colectivos, sino que entraremos al plano de la vida individual. Porque no puede haber iglesias sanas sin creyentes sanos; no puede haber congregaciones firmes si cada miembro vive en fragilidad. Este libro es un llamado a examinar tu propia edificación, a mirar los muros, pilares y cimientos de tu vida para discernir si realmente están alineados con el diseño del Maestro Constructor.

Usaremos el lenguaje de la construcción no como un recurso literario, sino como un espejo bíblico. Jesús mismo habló de casas edificadas sobre la roca y sobre la arena; Pablo nos llamó templo del Espíritu Santo; Pedro nos recordó que somos piedras vivas que forman un edificio espiritual. Cada capítulo explorará un elemento de esa arquitectura —piedra angular, zapata, pilares, paredes— y lo contrastará con las imitaciones frágiles o torcidas que muchos levantan hoy. No se trata de un manual técnico, sino de una guía espiritual práctica que te confrontará con la pregunta: ¿estás edificando conforme al plano divino o con tus propios atajos?

Nuestro objetivo no es solo informar, sino provocar una decisión. El mensaje de este libro es claro: tu vida espiritual es una obra en construcción, y el Arquitecto divino ya trazó el plano. Ahora te toca a ti decidir si seguirás edificando con materiales perecederos o si permitirás que Cristo coloque cada ladrillo en el lugar correcto. Porque al final, lo que determines a nivel personal marcará la solidez de tu congregación, de tu familia y del testimonio que dejas en el mundo.

TABLA DE CONTENIDO

PARTE 1
EL FUNDAMENTO
(CRISTO COMO PIEDRA ANGULAR Y ZAPATA)

CAPÍTULO 1

LA PIEDRA ANGULAR: CRISTO COMO LA GUÍA DE TODO EL EDIFICIO

Efesios 2:20

Edificados sobre el fundamento de los apóstoles y profetas, siendo la principal piedra del ángulo Jesucristo mismo.

INTRODUCCIÓN

En una construcción, la piedra angular no es cualquier detalle decorativo: es la primera que se coloca y la que define el alineamiento de todas las demás. Si está mal puesta, todo el edificio quedará torcido, aunque se use el mejor cemento o los materiales más costosos. Así es nuestra vida espiritual: Cristo debe ser la piedra angular, el punto de referencia que marca hacia dónde vamos y cómo permanecemos firmes. Sin Él, todo lo que intentemos levantar terminará en ruinas.

El error más común de muchos creyentes no es la falta de esfuerzo, sino el colocar mal la primera piedra. Se enfocan en emociones, en filosofías, en proyectos personales, en tradiciones heredadas, y aunque su vida espiritual parezca levantarse, en el momento de la tormenta se revela lo torcido. Jesús es la roca eterna, el fundamento que no cambia, y si no es Él quien ocupa el lugar central, ninguna construcción espiritual resiste el paso del tiempo.

La historia y la experiencia nos muestran que todos construimos algo: una familia, un ministerio, una vida personal. La pregunta no es si estamos construyendo, sino sobre qué lo hacemos. Algunos edifican sobre lo frágil, otros sobre lo distorsionado, otros sobre la autosuficiencia, pero solo quienes edifican sobre Cristo podrán permanecer cuando vengan los vientos.

El verdadero reto de la vida cristiana no está en comenzar a construir, sino en perseverar con la piedra angular en su lugar. Podemos empezar bien, pero si en el camino desplazamos a Cristo para poner en el centro nuestra voluntad, nuestro orgullo o nuestras ambiciones, el edificio se resquebraja. Por eso, este capítulo nos llama a volver al inicio, a examinar dónde y cómo hemos colocado a Cristo, porque de esa decisión depende la solidez de todo lo demás.

CONSTRUCCIÓN FRÁGIL – VIDAS GUIADAS POR MODAS

Hay vidas espirituales que parecen estar bien cimentadas, pero en realidad son tan frágiles como una columna de cartón pintada. Son aquellos que se levantan siguiendo modas: un tiempo se emocionan con una nueva corriente de adoración, luego con un mensaje motivacional, después con una experiencia pasajera. Todo depende del entusiasmo del momento, y mientras hay emoción, se sienten firmes. Pero al salir del templo, esa llama se apaga.

La emoción en sí no es mala, porque Dios nos creó con sentimientos. El problema surge cuando la fe se reduce únicamente a emociones. Es entonces cuando la vida espiritual se convierte en un péndulo: un día exaltada, al siguiente desanimada. Esa clase de construcción no resiste la tormenta, porque nunca cavó profundo en la roca que es Cristo.

Una fe que depende de lo que está de moda es como una casa pintada sin haber preparado la pared: al primer aguacero, la pintura se cae y queda expuesta la debilidad. El peligro es que engaña por un tiempo, porque parece genuina, incluso puede impresionar a otros, pero carece de raíz. Jesús lo advirtió al hablar de la semilla que cayó en pedregales: brotó con gozo, pero como no tenía profundidad, cuando salió el sol se secó.

El creyente que vive de modas espirituales nunca madura. Va de tendencia en tendencia, buscando lo nuevo, lo llamativo o lo que emociona, pero sin dejar que la Palabra y la obediencia formen convicción. Esta construcción frágil puede durar mientras no haya tormentas, pero cuando la prueba golpea, se derrumba porque nunca tuvo a Cristo como piedra angular.

CONSTRUCCIÓN DISTORSIONADA – FILOSOFÍAS HUMANAS COMO BASE

Una construcción puede utilizar materiales sólidos, pero si el ángulo está mal calculado, todo el edificio quedará torcido. Así sucede con quienes edifican su vida sobre filosofías humanas o ideologías seculares. Pueden tener disciplina, moralidad o buena ética, pero si Cristo no es el punto de referencia, el resultado final estará fuera del diseño del Arquitecto divino.

Las filosofías humanas parecen ofrecer sabiduría, pero cambian con cada generación. Lo que ayer era verdad, hoy se descarta, y lo que hoy se defiende, mañana se ridiculiza. Construir sobre ideas humanas es confiar en arena movediza. Solo Cristo, la piedra angular puesta por Dios, permanece firme e inmutable.

Pablo fue claro: "nadie puede poner otro fundamento que el que está puesto, el cual es Jesucristo" (1 Corintios 3:11). Esto significa que cualquier intento de levantar una vida cristiana sin referencia a Cristo está condenado al fracaso. Una buena ética no salva, la disciplina personal no justifica, y el positivismo no transforma el corazón.

La piedra angular no es negociable ni reemplazable. Cristo no puede ser visto como un complemento opcional en la vida espiritual. Él es la base misma sobre la cual todo debe alinearse. Un edificio torcido puede impresionar a muchos en su altura, pero tarde o temprano mostrará grietas. De la misma manera, una vida que se levanta fuera de la dirección de Cristo terminará cayendo.

CONSTRUCCIÓN DEL "HAZLO TÚ MISMO" – ESPIRITUALIDAD SIN CRISTO COMO CENTRO

En el mundo de la construcción existen personas que intentan hacer todo por sí mismos, sin arquitecto ni ingeniero. Siguen tutoriales, prueban atajos y creen que pueden levantar algo "suficientemente bueno". Pero con el tiempo aparecen las grietas, las tuberías mal puestas y las paredes desniveladas. Algo parecido ocurre con quienes intentan construir su vida espiritual sin Cristo como centro y sin someterse al plano de Dios.

Estos son los "llaneros solitarios" de la fe. Piensan que basta con leer un par de artículos, ver videos de motivación o repetir frases positivas. No quieren rendirse a la autoridad de la Palabra ni aceptar la necesidad de congregarse. Creen que su relación "a su manera" con Dios basta, pero ignoran que la verdadera construcción espiritual requiere alinearse al diseño del Arquitecto celestial.

Al principio, su edificio puede lucir aceptable. Incluso otros lo admiran por su aparente independencia. Pero tarde o temprano llegan las pruebas, y se nota que la construcción carece de referencia. Es como una pared levantada sin medir el ángulo: parece firme, pero no encaja y compromete la estructura completa. Así es la vida que se construye sin Cristo como guía.

La fe no es un proyecto de "hazlo tú mismo". No podemos reemplazar al Constructor ni ignorar la importancia de la comunidad de fe. El verdadero discipulado no se improvisa; requiere relación con Cristo y con su iglesia. Construir solo es condenarse al fracaso. Cristo es la piedra angular, y sin Él, ninguna obra permanece.

LA CONSTRUCCIÓN CORRECTA – CRISTO COMO LA PIEDRA ANGULAR

La única construcción correcta es aquella que comienza con Cristo en el lugar de honor. Reconocerlo como piedra angular significa aceptar que sin Él nada puede sostenerse y que todo debe alinearse a su persona. No se trata de tenerlo como complemento, sino como el inicio y la referencia de cada decisión y cada área de la vida.

Así como la piedra angular define el ángulo de las paredes, Cristo define la dirección de nuestras prioridades. No hay lugar para dividir la vida en áreas "espirituales" y "seculares": todo debe estar bajo su alineamiento. Una relación que no se somete a su palabra, una meta que ignora su voluntad o un carácter que no refleja su gracia son grietas que tarde o temprano comprometen el edificio completo.

Edificar sobre Cristo también requiere obediencia práctica. Jesús dijo que el prudente es el que oye sus palabras y las hace. Cada paso de obediencia es como colocar un ladrillo en el ángulo correcto. No basta con saber el plano, hay que vivirlo. La verdadera fe se demuestra en la práctica diaria, no en teorías.

El proceso de construcción nunca es instantáneo. Una obra sólida requiere tiempo, paciencia y constancia. Así es la vida espiritual: se edifica día tras día, con disciplina, perseverancia y confianza. Cada oración, cada acto de servicio, cada paso de fidelidad es una confirmación de que Cristo sigue siendo la referencia principal.

La iglesia juega un papel esencial en esta edificación. Así como los constructores usan niveles y reglas para mantener rectitud, Dios nos da la comunidad de fe para corregirnos, exhortarnos y mantenernos alineados. Quien desprecia la coinonía se condena a levantar muros torcidos. Nadie puede construir solo; Dios diseñó la obra como un cuerpo.

Dios también ha puesto ministerios en la iglesia como supervisores espirituales: apóstoles, profetas, evangelistas, pastores y maestros. Ellos son como ingenieros especializados que garantizan que la obra se levante conforme al diseño del Arquitecto divino. Rechazar su rol es como despreciar la inspección de un edificio: al final, lo que parece sólido se derrumba por fallas estructurales.

Las pruebas de la vida son otra manera en que Dios verifica la solidez de la construcción. Así como los edificios son probados para resistir viento y peso, nuestra fe es probada en las tormentas. Si Cristo es la piedra angular, no caeremos; si no lo es, la prueba revelará las grietas ocultas. La tormenta no destruye al que está en la roca, solo confirma su firmeza.

Un edificio bien hecho no solo beneficia a quienes viven en él, también inspira confianza a quienes lo ven desde afuera. De la misma manera, una vida edificada en Cristo es testimonio vivo para el mundo. Cuando otros ven nuestra firmeza en medio de la adversidad, reconocen que existe un fundamento verdadero. Nuestro testimonio apunta a la piedra angular que nos sostiene: Jesucristo.

CONCLUSIÓN

Cristo no es un accesorio espiritual ni una opción más entre muchas. Él es la piedra angular sin la cual todo se derrumba. Construir sobre modas, filosofías humanas o autosuficiencia puede impresionar por un tiempo, pero no resiste las tormentas. Solo quien edifica sobre Cristo permanece.

Este es el momento de examinar nuestro propio corazón. ¿Está tu vida alineada con Cristo, o estás edificando con tus propios cálculos? Una piedra angular mal colocada afecta todo el edificio, y lo mismo ocurre con una vida que no tiene a Jesús como centro. La invitación es clara: regresa a la roca eterna y deja que todo tu edificio espiritual se levante alineado con Él. Solo así serás un templo firme donde habite la gloria de Dios.

CAPÍTULO 2

LA ZAPATA: LA CRUZ COMO BASE FIRME E INQUEBRANTABLE

1 Corintios 1:18

Porque la palabra de la cruz es locura a los que se pierden; pero a los que se salvan, esto es, a nosotros, es poder de Dios.

INTRODUCCIÓN

En la construcción, la zapata es el cimiento enterrado en lo profundo, invisible a los ojos, pero indispensable para sostener toda la estructura. Una edificación puede tener paredes rectas, techos bien diseñados y acabados hermosos, pero si no hay zapata sólida, todo se desploma cuando la tierra tiembla o los vientos arrecian. De la misma manera, la cruz de Cristo es la zapata espiritual sobre la cual descansa nuestra fe. Sin cruz, la vida cristiana no tiene base real.

La cruz no es un adorno religioso ni un símbolo vacío. Es el lugar donde el pecado fue vencido, donde la justicia de Dios se cumplió y donde comenzó la verdadera vida para quienes creen. Muchos quieren levantar una fe sin cruz, porque es más cómodo un evangelio sin sacrificio y más atractivo un mensaje sin confrontación. Pero un cristianismo sin cruz es un edificio sin cimientos: puede impresionar a primera vista, pero no resiste ninguna prueba.

Desde los días de los apóstoles hasta hoy, la cruz ha sido tropiezo para algunos y locura para otros. Para los judíos, un escándalo; para los griegos, necedad. Pero para los que creen, es poder de Dios. Cada creyente debe decidir si su vida espiritual estará cimentada en la cruz o en otro fundamento que tarde o temprano fallará.

El desafío de este capítulo es volver a la base. No basta con admirar a Jesús como maestro, ni con celebrar sus milagros. La pregunta es: ¿hemos rendido nuestra vida en el lugar del Calvario? Allí donde murió el Cordero, allí donde se derramó la sangre, allí donde se quebrantó el poder del pecado. Si la cruz no es nuestra zapata, todo lo demás será fachada.

Construcción frágil – religiosidad sin cruz

La religiosidad es como una casa levantada sobre tierra apisonada, sin zapata profunda. Parece firme porque hay normas, rituales y tradiciones, pero en el momento de la tormenta no hay nada que sostenga. Muchos se conforman con cumplir formas externas, como asistir a servicios, repetir oraciones o seguir reglas morales, pero nunca se han rendido al poder transformador de la cruz.

Una vida construida en religiosidad se apoya en el esfuerzo humano. La persona cree que por hacer "cosas buenas" ya está segura, pero no entiende que la salvación no se obtiene por obras sino por lo que Cristo hizo en el Calvario. La cruz revela la insuficiencia de nuestros méritos y la necesidad de un sacrificio perfecto. La religiosidad quiere aparentar firmeza, pero no toca lo profundo del corazón.

El peligro de esta construcción es que engaña. Puede resistir las miradas humanas, pero no resiste el juicio de Dios. Cuando se pruebe el edificio, se descubrirá que nunca tuvo cimiento. La religiosidad sin cruz es fachada, y tarde o temprano se derrumba.

Además, este tipo de vida genera orgullo espiritual. Quien confía en su religiosidad comienza a mirar con desprecio a otros, como el fariseo de la parábola que oraba diciendo: "Dios, te doy gracias porque no soy como los demás hombres". Ese muro aparente se convierte en una trampa mortal, porque sin cruz no hay humildad ni dependencia verdadera de Dios.

Construcción distorsionada – un evangelio de gloria sin sufrimiento

Otra construcción defectuosa es la del evangelio que promete solo gloria, éxito y bendición, pero omite el sufrimiento y la renuncia. Es un evangelio que ofrece coronas sin cruz y resurrección sin muerte. Suena atractivo, llena multitudes y emociona al oyente, pero está construido sobre arena porque niega la esencia del mensaje de Cristo.

Jesús nunca ocultó que seguirlo implicaba cargar la cruz cada día. Pablo escribió que a través de muchas tribulaciones nos es necesario entrar en el reino de Dios. Un evangelio que elimina el sufrimiento y la disciplina es un evangelio mutilado, incapaz de sostener la fe cuando vienen las pruebas.

Este tipo de construcción es como un edificio levantado sobre un relleno superficial. Puede verse majestuoso por fuera, pero al primer temblor se hunde. Así ocurre con quienes creen en un Cristo sin cruz: cuando llega la enfermedad, la pérdida o la prueba, se desmoronan porque su fe nunca estuvo cimentada en el sacrificio de Jesús, sino en promesas humanas de comodidad.

El verdadero evangelio no se trata de evitar la cruz, sino de reconocer que allí está el poder de Dios. El que quiere gloria sin sacrificio está edificando sobre un fundamento falso que tarde o temprano colapsará. La cruz no es opcional en la vida cristiana, es la base misma del edificio de la fe.

CONSTRUCCIÓN DEL "HAZLO TÚ MISMO" – BUSCAR ATAJOS ESPIRITUALES PARA EVITAR LA CRUZ

En la construcción, algunos intentan ahorrar tiempo y dinero levantando muros sin cimientos profundos. Al principio, todo parece estar bien, pero la estructura pronto revela fallas. Espiritualmente, esto se refleja en quienes buscan atajos para evitar la cruz. Son los que quieren resultados rápidos: bendición sin obediencia, crecimiento sin proceso, prosperidad sin sacrificio.

Estos atajos pueden disfrazarse de espiritualidad. Se leen frases motivacionales, se siguen corrientes de autoayuda o se practica una religiosidad selectiva. Pero en el fondo, lo que se está evitando es el costo del discipulado. La cruz implica morir al ego, renunciar a la carne y rendir la voluntad, y eso no se puede reemplazar con fórmulas baratas.

Quien construye sin zapata puede avanzar más rápido que el que cava profundo, pero al final su casa se derrumba primero. De igual modo, el que evita la cruz parece avanzar más rápido en la vida espiritual, pero termina agotado, vacío y confundido. No hay sustituto para la cruz, porque ella es la única zapata que sostiene la eternidad.

Además, la mentalidad de atajo debilita la fe a largo plazo. Cuando las cosas no salen como se esperaba, el creyente se frustra porque nunca aprendió a perseverar. Es como una pared levantada sobre suelo inestable: tarde o temprano, se inclina y cae. El que construye sin cruz no tiene cómo resistir, porque su fundamento nunca fue Cristo crucificado, sino sus propias expectativas.

LA CONSTRUCCIÓN CORRECTA – LA CRUZ COMO CIMIENTO INAMOVIBLE

La construcción correcta comienza cuando entendemos que la cruz no es un detalle opcional, sino el fundamento absoluto. Allí, en ese madero ensangrentado, Cristo llevó nuestro pecado, nuestra culpa y nuestra condenación. No hay otro lugar donde la justicia y la misericordia se encuentren, donde el amor y la verdad se abracen. La cruz es la zapata invisible pero firme que sostiene toda nuestra fe.

Cuando edificamos sobre la cruz, reconocemos que nada de lo que somos ni hacemos puede salvarnos. Es un acto de humildad aceptar que nuestro esfuerzo no basta y que dependemos totalmente del sacrificio de Cristo. Esa rendición profunda es lo que hunde nuestras raíces en el terreno eterno de la gracia. Sin cruz, todo es apariencia; con cruz, todo se transforma desde lo profundo.

La cruz también define la dirección de nuestra vida diaria. Cada decisión debe estar marcada por el hecho de que fuimos comprados a precio de sangre. No podemos vivir como si fuéramos dueños de nosotros mismos, porque hemos sido edificados sobre el cimiento de la entrega de Jesús. Negar la cruz en lo cotidiano es como levantar paredes fuera del plano: tarde o temprano la grieta se hará evidente.

Edificar sobre la cruz significa obedecer el llamado de Jesús: "Si alguno quiere venir en pos de mí, niéguese a sí mismo, tome su cruz cada día y sígame". No es un evento único, es una práctica constante. Cada día nos toca clavar en esa cruz nuestro orgullo, nuestra carne y nuestra voluntad, para que Cristo viva en nosotros. Esa obediencia diaria es lo que mantiene el edificio recto.

La cruz también nos sostiene en las pruebas. Cuando llegan el dolor, la pérdida o la enfermedad, recordamos que Cristo ya venció en la cruz. Esa victoria se convierte en fuerza para seguir, en esperanza para resistir y en certeza de que nada puede separarnos de su amor. El creyente cimentado en la cruz no se quiebra, porque sabe que debajo de todo está el fundamento eterno del sacrificio de Jesús.

Además, la cruz nos recuerda que no estamos solos en la construcción. El Espíritu Santo es quien aplica en nosotros los beneficios de lo que Cristo logró allí. Nos fortalece en debilidad, nos corrige cuando nos desviamos y nos impulsa a seguir cavando profundo. La comunidad de fe también es parte de ese proceso, porque nos ayuda a mantenernos firmes cuando queremos evadir el costo de la cruz.

Finalmente, la cruz convierte nuestra vida en testimonio para otros. El mundo desprecia el mensaje de la cruz porque lo considera débil o absurdo, pero cuando ve una vida transformada y sostenida en medio de la tormenta, reconoce que hay un poder real detrás de esa obra. Una construcción sobre la cruz no solo resiste, también inspira a otros a buscar el mismo cimiento.

Edificar sobre la cruz es elegir el camino más difícil pero más seguro. No promete rapidez ni comodidad, pero garantiza permanencia y firmeza. El que cava profundo y pone su vida sobre la zapata del Calvario nunca será avergonzado. La cruz no falla, porque es el diseño de Dios para sostener la eternidad.

CONCLUSIÓN

La cruz no es una opción decorativa, es la zapata que sostiene todo el edificio de la fe. La religiosidad sin cruz se derrumba, el evangelio sin sufrimiento es falso, y los atajos espirituales llevan al fracaso. Solo la cruz permanece inamovible, aunque el mundo la desprecie.

La pregunta hoy no es si estamos construyendo, sino sobre qué lo estamos haciendo. Una zapata superficial puede engañar por un tiempo, pero al final se revela la verdad. Asegúrate de que tu vida esté profundamente cimentada en la cruz de Cristo, porque solo allí encontrarás un fundamento que resiste la eternidad.

PARTE 2
LOS CUATRO PILARES
(ACCIONES HACIA DIOS COMO OFRENDA)

CAPÍTULO 3

EL PILAR DEL ARREPENTIMIENTO: LIMPIEZA DEL TERRENO DEL CORAZÓN

Hechos 3:19

Así que, arrepentíos y convertíos, para que sean borrados vuestros pecados; para que vengan de la presencia del Señor tiempos de refrigerio.

INTRODUCCIÓN

Antes de colocar cualquier columna en una construcción, lo primero que se hace es limpiar el terreno. No se pueden levantar pilares firmes sobre basura, escombros o tierra floja. Si no se prepara el suelo, la estructura estará comprometida desde el inicio. De la misma manera, el arrepentimiento es la limpieza espiritual del corazón que permite que Dios comience a edificar una vida nueva. Sin arrepentimiento, no hay base sólida para la fe ni para ninguna disciplina cristiana.

El arrepentimiento no es solo un sentimiento de culpa, es una decisión de apartarse del pecado y volverse a Dios. Es como arrancar de raíz la maleza que impide que el terreno esté listo para construir. Muchas personas quieren tener los beneficios de la vida cristiana sin pasar por la limpieza profunda que implica arrepentirse. Pero un corazón lleno de orgullo, pecado escondido o doble vida nunca podrá sostener los pilares del evangelio.

La Biblia lo deja claro: el llamado de Juan el Bautista, de Jesús y de los apóstoles comenzó con la misma palabra: "Arrepentíos". El arrepentimiento es la puerta de entrada al Reino de Dios y el inicio de toda verdadera transformación. Este capítulo nos ayudará a ver los errores de un arrepentimiento frágil, de uno distorsionado, de los que creen que no lo necesitan, y finalmente, cómo luce un arrepentimiento genuino que limpia el terreno del corazón para la gloria de Dios.

Además, es necesario entender que el arrepentimiento no es un evento único en la vida del creyente, sino un estilo de vida continuo. Cada día hay áreas que deben ser entregadas al Señor, pecados que reconocer y actitudes que corregir. Así como un terreno necesita mantenimiento constante para permanecer limpio, el corazón necesita ser revisado y purificado una y otra vez. Solo así se asegura que el edificio espiritual siga en pie y en crecimiento.

ARREPENTIMIENTO FRÁGIL – REMORDIMIENTO SIN CAMBIO

Muchos confunden el arrepentimiento con remordimiento. El remordimiento es sentirse mal por las consecuencias del pecado, pero no por el pecado mismo. Es como el que llora porque lo descubrieron, pero en su interior sigue amando lo que hizo. Este arrepentimiento frágil es solo un sentimiento pasajero que no produce fruto duradero.

Un ejemplo bíblico de esto es el rey Saúl. Cuando fue confrontado por Samuel, reconoció su error con palabras, pero nunca mostró un cambio real en su corazón. Volvía una y otra vez a la desobediencia. Era un remordimiento emocional, no un arrepentimiento genuino. Esa clase de actitud es como barrer el terreno superficialmente: se quita el polvo de arriba, pero se dejan las piedras enterradas que luego romperán la base.

Un arrepentimiento que no se traduce en un cambio de vida es inservible. Puede producir lágrimas, incluso gestos religiosos, pero no transforma. Jesús habló de la semilla que brotó rápidamente, pero como no tenía raíz, se secó. Así es el arrepentimiento frágil: dura mientras la emoción está viva, pero no resiste la prueba del tiempo.

El verdadero arrepentimiento no se queda en palabras ni en emociones, sino que produce frutos dignos. El terreno no se limpia con superficialidad, sino con un trabajo profundo que remueve lo que estorba. De lo contrario, el edificio espiritual se levanta sobre un suelo contaminado.

ARREPENTIMIENTO DISTORSIONADO – LEGALISMO SIN GRACIA

Otra construcción equivocada es la del arrepentimiento distorsionado, cuando se convierte en un sistema de legalismo y condena. En lugar de ver el arrepentimiento como un acto de gracia de Dios que nos permite volver a Él, se lo transforma en una cadena de reglas y exigencias humanas imposibles de cargar. Así, en vez de limpiar el terreno, se lo llena de piedras que impiden construir.

Este tipo de arrepentimiento está presente en aquellos que piensan que deben castigarse a sí mismos para ser perdonados. Viven cargados de culpa, intentando ganar el favor de Dios con su sufrimiento, como si la cruz de Cristo no fuera suficiente. Olvidan que la Biblia dice que "si confesamos nuestros pecados, él es fiel y justo para perdonar nuestros pecados y limpiarnos de toda maldad". El arrepentimiento no es para vivir esclavos de la culpa, sino para ser restaurados por la gracia.

El legalismo crea creyentes que aparentan piedad, pero que están rotos por dentro. Tratan de imponer a otros cargas que ni ellos mismos pueden llevar. Se convierten en inspectores del pecado ajeno en vez de testigos de la misericordia divina. Este falso arrepentimiento no libera, sino que ata más al alma, porque desvía la mirada de la cruz y la enfoca en el esfuerzo humano.

Un arrepentimiento distorsionado construye una fe basada en el miedo y no en la relación con Dios. En vez de limpiar el terreno, lo llena de reglas que sofocan el crecimiento. El verdadero arrepentimiento no es legalismo, es gracia que transforma y renueva.

"HAZLO TÚ MISMO" – CREER QUE BASTA CON "SER BUENA PERSONA"

Hay quienes creen que no necesitan arrepentimiento porque, según ellos, ya son "buenas personas". Piensan que mientras no hagan daño a nadie, mientras cumplan con ciertas normas sociales o mientras hagan obras de caridad, no necesitan humillarse ante Dios. Esta actitud es como tratar de construir sobre un terreno lleno de escombros sin limpiarlo: se ignora lo profundo y se finge que todo está bien.

El problema de esta visión es que minimiza la gravedad del pecado. Romanos 3:23 dice que "todos pecaron y están destituidos de la gloria de Dios". No importa cuánto bien hagamos, siempre habrá una deuda con Dios que solo la cruz puede saldar. Creer que no necesitamos arrepentimiento es el engaño más peligroso, porque nos hace sentir seguros mientras el terreno de nuestra vida sigue contaminado.

Jesús confrontó esta mentalidad en los fariseos. Ellos se consideraban justos por cumplir la ley externamente, pero se resistían a reconocer su necesidad de perdón. Al final, estaban construyendo sobre la arena de su propia justicia. Una vida basada en el "soy bueno" puede impresionar a otros, pero no engaña a Dios. El terreno sigue lleno de pecado escondido.

Nadie puede levantar un edificio espiritual duradero sin limpiar primero el terreno con arrepentimiento. Creer que ser "buena persona" basta es un error mortal, porque excluye la obra de Cristo. El arrepentimiento no es opcional, es indispensable para que Dios comience a edificar.

LA CONSTRUCCIÓN CORRECTA – ARREPENTIMIENTO GENUINO

El arrepentimiento verdadero comienza en el corazón, no en la emoción ni en la apariencia. Es una decisión consciente de darle la espalda al pecado y volverse hacia Dios. Es como cuando un constructor cava profundo, remueve toda la tierra contaminada y deja el terreno limpio y preparado para recibir cimientos firmes. Sin esa limpieza, no hay edificio que resista.

Este arrepentimiento no es solo sentir dolor por el pecado, sino un cambio de mente y de dirección. La palabra griega *metanoia* significa precisamente eso: un giro radical de pensamiento y conducta. El que se arrepiente genuinamente no solo dice "lo siento", sino que demuestra con hechos que ha cambiado de rumbo. Es el hijo pródigo que no solo reconoce su error, sino que se levanta y vuelve al padre.

El arrepentimiento genuino reconoce la gravedad del pecado a la luz de la cruz. No se compara con otros para justificarse, sino que mira a Cristo y entiende el precio que fue pagado. Esa revelación no produce condenación eterna, sino quebrantamiento que abre la puerta a la restauración. Es un llanto que limpia, no que esclaviza.

La limpieza del arrepentimiento no la hacemos solos. Es el Espíritu Santo quien convence de pecado, justicia y juicio. Nosotros respondemos con confesión y rendición, pero es Dios quien borra, restaura y transforma. Esa es la diferencia entre un remordimiento humano y un arrepentimiento genuino: el primero se queda en sentimientos, el segundo recibe el poder de Dios para un nuevo comienzo.

El fruto del arrepentimiento es visible. Juan el Bautista lo expresó: "haced frutos dignos de arrepentimiento". Cuando el corazón se ha limpiado, lo externo comienza a reflejarlo: una vida nueva, decisiones diferentes, palabras transformadas. El arrepentimiento verdadero no se queda oculto, se manifiesta en la manera de vivir.

El arrepentimiento genuino también prepara el camino para la fe. Sin limpiar el terreno, no se puede colocar el pilar que sostiene la vida espiritual. Cuando el corazón es purificado por el arrepentimiento, la fe en Cristo puede arraigarse firmemente. Es como quitar las piedras que estorban para que las columnas se hundan en suelo sólido.

Dios también usa influencias externas para llevarnos al arrepentimiento. Puede ser una palabra predicada, una confrontación de un hermano, una circunstancia dolorosa o una crisis inesperada. Esas experiencias sacuden nuestro terreno y revelan lo que necesita ser removido. Lejos de ser castigos sin sentido, son parte del proceso de limpieza que nos prepara para un edificio más fuerte.

Finalmente, el arrepentimiento genuino trae refrigerio. No es un castigo, sino un regalo. El versículo de este capítulo lo afirma: "para que vengan de la presencia del Señor tiempos de refrigerio". Una vida edificada sobre el arrepentimiento es una vida libre, fresca y en paz, porque ya no carga con los escombros del pecado. El terreno ha sido limpiado, y sobre él Dios puede edificar algo eterno.

CONCLUSIÓN

El arrepentimiento es el primer acto de limpieza del terreno del corazón. Sin él, la fe, la adoración y el testimonio carecen de firmeza. Un arrepentimiento frágil se queda en lágrimas, uno distorsionado en reglas, y uno inexistente en orgullo humano. Pero el arrepentimiento genuino abre la puerta a la gracia, prepara el terreno para la fe y permite que Dios edifique sobre nosotros su templo eterno.

CAPÍTULO 4

EL PILAR DE LA FE: CONFIANZA QUE SOSTIENE LA VIDA ESPIRITUAL

Hebreos 11:6

Pero sin fe es imposible agradar a Dios; porque es necesario que el que se acerca a Dios crea que le hay, y que es galardonador de los que le buscan.

INTRODUCCIÓN

En la construcción de un edificio, los pilares son los que cargan el peso de toda la estructura. Sin ellos, las paredes se desploman, los techos ceden y la obra se arruina. Así ocurre con la vida espiritual: sin el pilar de la fe, nada puede sostenerse. La fe es la que nos conecta con Dios, la que nos permite recibir sus promesas y permanecer firmes en medio de los vientos. Hebreos declara con claridad que sin fe es imposible agradar a Dios.

La fe no es un accesorio opcional, es el eje central que sostiene nuestra relación con el Señor. No se trata de optimismo ni de pensamiento positivo, sino de confiar en Dios por encima de lo que vemos, sentimos o entendemos. La fe es un pilar invisible a los ojos humanos, pero que sostiene todo el edificio del corazón. Donde no hay fe, no hay vida cristiana; donde hay fe sólida, todo lo demás puede levantarse.

Sin embargo, no toda fe es correcta. Algunos edifican sobre una fe frágil que se derrumba ante la prueba. Otros confunden fe con manipulación espiritual, creyendo en una "súper fe" que exige a Dios cumplir sus caprichos. Otros creen que basta con frases motivacionales y mensajes inspiradores para sostenerse, pero esa es una fe hueca. En contraste, la verdadera fe es bíblica, probada y sumisa a la soberanía de Dios.

La fe también es el elemento que mantiene viva nuestra esperanza. Es el puente que une lo que Dios ha prometido con lo que todavía no vemos. Nos permite caminar aun en la oscuridad, sabiendo que el Arquitecto divino no ha fallado en sus planos. La fe genuina sostiene al creyente en medio de la espera, lo levanta en la tormenta y lo ancla en la certeza de que Dios cumple lo que promete.

FE FRÁGIL – DEPENDE DE LAS CIRCUNSTANCIAS

Una fe frágil es como un pilar delgado que parece sostener algo, pero al primer temblor se quiebra. Es la fe que depende de las circunstancias: mientras todo va bien, confía; pero cuando llegan las pruebas, se desploma. Es como Pedro caminando sobre el agua: mientras tenía los ojos en Jesús permaneció firme, pero al mirar el viento y las olas, comenzó a hundirse.

Este tipo de fe se alimenta de la comodidad y del bienestar. Mientras no falte nada, el creyente dice confiar en Dios; pero basta un diagnóstico difícil, una pérdida o una crisis para que su confianza se desmorone. Es como el que construye con materiales débiles: el edificio puede lucir estable, pero no resiste presión.

La fe frágil también se revela en quienes buscan señales constantes para creer. Su confianza se sostiene en lo visible y no en la Palabra. El problema es que las señales cambian, las emociones fluctúan y las circunstancias se mueven. Solo la fe firme en Cristo resiste el tiempo. Sin ella, todo se convierte en un vaivén.

Una fe que depende de lo externo nunca podrá sostener un edificio espiritual sólido. El que cree solo cuando le conviene nunca conocerá el poder de permanecer. El Señor no busca fe condicionada, sino una confianza que se mantiene aun cuando todo alrededor parece derrumbarse.

FE DISTORSIONADA – "SÚPER FE" QUE NO SE SOMETE A DIOS

La fe distorsionada es como un pilar mal diseñado: se ve imponente, pero está fuera de alineamiento y compromete toda la estructura. Esta es la fe que algunos predican como "súper fe": la idea de que podemos ordenar a Dios lo que queremos, declarar sin límites y exigir resultados sin someternos a su voluntad. Es una fe inflada por el orgullo humano y no por la Palabra.

Este tipo de fe suena poderosa y llena auditorios, porque promete resultados inmediatos: riqueza, salud, éxito. Pero en realidad, pone al hombre en el trono y a Dios en el papel de sirviente. Es un evangelio que usa la fe como varita mágica, en vez de verla como confianza en la soberanía divina.

La Biblia enseña que la verdadera fe siempre se somete a la voluntad de Dios. Daniel y sus amigos dijeron al rey Nabucodonosor que Dios podía librarlos del horno, pero aun si no lo hacía, no se inclinarían a los ídolos. Esa es la fe bíblica: confía en que Dios puede, pero acepta si decide otra cosa. La fe distorsionada, en cambio, se ofende cuando Dios no actúa como esperaba.

Un pilar torcido no solo se desploma, también arrastra consigo otras partes de la estructura. La fe distorsionada no solo daña al creyente, sino que hiere a otros que, al no ver cumplidas las promesas humanas, terminan desilusionados con Dios. El verdadero pilar de la fe no manipula al Señor, sino que se apoya en Él con humildad.

"HAZLO TÚ MISMO" – VIVIR DE FRASES Y MOTIVACIÓN SIN FUNDAMENTO

Existen también quienes intentan levantar su fe con frases motivacionales, como si fueran ladrillos suficientes para sostener un edificio. Son los que dicen: "piensa positivo", "decláralo y será tuyo", "visualízalo y lo tendrás". Viven de mensajes superficiales que inspiran por un momento, pero no resisten la tormenta. Esta es una fe de "hazlo tú mismo", sin fundamento bíblico real.

La diferencia entre la motivación y la fe verdadera es que la motivación depende de la fuerza humana, mientras que la fe depende del poder de Dios. La motivación puede levantar el ánimo, pero no cambia la realidad espiritual. La fe, en cambio, mueve montañas porque descansa en la palabra de Aquel que no miente.

El peligro de esta fe hueca es que produce creyentes inconstantes. Hoy están en la cima porque repitieron frases positivas, pero mañana caen en depresión porque nada salió como esperaban. Sus pilares son débiles porque nunca cavaron en la Palabra. La fe viene por el oír, y el oír por la palabra de Dios, no por la repetición de eslóganes humanos.

Una vida levantada solo sobre motivación es como un edificio construido con bloques huecos: al principio parece resistente, pero ante la presión se quiebra. La verdadera fe no se construye con frases inspiradoras, sino con la verdad eterna de la Escritura. Sin ella, no hay edificio que permanezca.

LA CONSTRUCCIÓN CORRECTA – FE BÍBLICA Y PROBADA

La fe verdadera comienza en el corazón que decide confiar en Dios por encima de todo. No es un sentimiento pasajero ni una técnica humana, es una relación de dependencia con el Señor. Creer en Cristo es ponerlo como el pilar que sostiene nuestra vida, sabiendo que sin Él nada permanece. Esa fe nace de escuchar la Palabra, pero se confirma al obedecerla y ponerla en práctica día tras día.

La fe bíblica entiende que Dios es soberano. No se trata de imponer nuestra voluntad al cielo, sino de someternos a la voluntad perfecta del Padre. Así oró Jesús en Getsemaní: "no se haga mi voluntad, sino la tuya". La verdadera fe se expresa en confianza, no en manipulación. Cree que Dios puede hacer milagros, pero reconoce que Él decide el cómo y el cuándo.

Esa fe también se fortalece en la prueba. Como el oro que se purifica en el fuego, nuestra fe crece cuando es probada en la adversidad. Cada crisis se convierte en un recordatorio de que Dios es fiel, y cada victoria en una confirmación de que Él cumple sus promesas. Una fe que no pasa por el fuego nunca madura; una fe probada se convierte en un pilar inquebrantable.

La fe genuina no depende de señales, sino que se sostiene en la Palabra. Abraham creyó contra esperanza, aunque no veía cumplimiento inmediato. Moisés confió en el Dios invisible. La Biblia está llena de hombres y mujeres que caminaron confiando en lo que no podían ver. Esa es la fe que sostiene, la que mira más allá de lo natural y se afirma en lo eterno.

El pilar de la fe también se edifica en comunidad. Cuando caminamos solos, nuestra fe se debilita; pero cuando nos unimos a otros, somos fortalecidos. La fe de un hermano puede levantar la nuestra, y nuestra fe puede sostener a alguien más. Así el Cuerpo de Cristo se convierte en una estructura firme donde cada pilar refuerza al otro.

Dios utiliza también influencias externas para afianzar nuestra fe. Puede ser una predicación, un testimonio, un consejo sabio o incluso una corrección. Cada una de estas experiencias es como un refuerzo en el concreto de la columna, que la hace más resistente a la presión. Nadie crece en fe en aislamiento; Dios nos moldea a través de los demás.

La fe correcta siempre tiene frutos visibles. Se manifiesta en obediencia, en paciencia y en perseverancia. El que confía en Dios no se desespera fácilmente, no se rinde en la primera dificultad y no abandona el camino a la mitad. Esa estabilidad es el testimonio más poderoso de que la fe no es un discurso, sino una vida cimentada en Cristo.

Finalmente, el pilar de la fe glorifica a Dios. Cada vez que permanecemos firmes, demostramos al mundo que Él es digno de confianza. La fe que sostiene nuestra vida no es para nuestra gloria, sino para que otros vean que hay un Dios real, fiel y poderoso. Una fe bíblica y probada no solo resiste, también inspira y atrae a otros a construir sobre el mismo fundamento.

CONCLUSIÓN

El pilar de la fe es indispensable para la vida cristiana. Una fe frágil se derrumba, una fe distorsionada engaña y una fe hueca basada en frases motivacionales no resiste. Pero la fe bíblica, probada y sumisa a Dios, se convierte en un pilar firme que sostiene todo el edificio del corazón.

La pregunta es inevitable: ¿sobre qué tipo de fe estás edificando tu vida? Si tu confianza depende de lo que ves, de lo que deseas o de frases vacías, tarde o temprano tu estructura caerá. Pero si tu fe está puesta en Cristo, en su Palabra y en su soberanía, permanecerás firme. Construir sobre la fe correcta es asegurar que el templo de tu vida se sostenga para la gloria de Dios.

CAPÍTULO 5

EL PILAR DE LA ADORACIÓN: RECONOCER A DIOS COMO EL CENTRO

Juan 4:24

Dios es Espíritu; y los que le adoran, en espíritu y en verdad es necesario que adoren.

INTRODUCCIÓN

En toda construcción, hay pilares que no solo sostienen el peso físico, sino que también definen la armonía y el equilibrio del edificio. En la vida espiritual, la adoración es uno de esos pilares indispensables, porque centra todo en Dios y no en nosotros mismos. Una fe sin adoración es como un edificio sin dirección: puede mantenerse en pie un tiempo, pero no refleja el propósito del arquitecto.

Adorar no es simplemente cantar o levantar las manos, es reconocer quién es Dios y colocarlo en el lugar que le corresponde. Es rendir el corazón y darle gloria por encima de todo. Sin adoración, el creyente puede convertirse en alguien que busca a Dios solo por lo que recibe, pero no por quién Él es. El verdadero pilar de la adoración se levanta cuando entendemos que nuestra vida entera existe para honrar al Creador.

Sin embargo, no toda adoración es genuina. Algunos confunden adoración con emociones pasajeras que se desvanecen al salir del templo. Otros la convierten en un espectáculo humano que impresiona a los hombres, pero no toca el corazón de Dios. Y otros creen que basta con adorar "a su manera", aislados y sin comunión con el cuerpo de Cristo. En contraste, la adoración correcta es en espíritu y en verdad, conforme al diseño divino.

La adoración es, además, el lugar donde el creyente encuentra alineamiento. Así como los pilares de un edificio aseguran que las paredes se levanten rectas, la adoración mantiene recto nuestro corazón delante de Dios. Cada vez que nos rendimos en adoración sincera, reconocemos que Él es el centro y que todo lo demás debe girar en torno a su gloria.

ADORACIÓN FRÁGIL – EMOCIÓN PASAJERA

La adoración frágil es como un pilar hecho de material débil: se sostiene mientras hay entusiasmo, pero se derrumba cuando desaparece la emoción. Este tipo de adoración se basa en lo que la persona siente en un momento específico. Si la música le gusta, si el ambiente lo inspira, entonces se emociona. Pero al salir del templo, esa llama se apaga.

La emoción en sí no es mala, porque la presencia de Dios ciertamente puede conmover el corazón. El problema es cuando la adoración se reduce solo a una experiencia emocional. Se convierte en un sube y baja constante: hoy hay lágrimas, mañana hay indiferencia. Esa inconstancia no honra a Dios, porque Él busca adoradores que permanezcan en espíritu y en verdad.

Una adoración frágil es superficial, no transforma la vida. Puede hacer que alguien se sienta bien un momento, pero no produce obediencia ni rendición. Es como pintar un pilar por fuera sin reforzarlo por dentro: tarde o temprano, el peso lo derriba. La verdadera adoración no depende de lo que sentimos, sino de a quién servimos.

El creyente que vive solo de emoción espiritual carece de raíces profundas. Se entusiasma fácilmente, pero en la dificultad se enfría. Así como un edificio necesita pilares internos que no se ven, la adoración debe sostenerse en convicción y entrega, no solo en lágrimas y sensaciones.

ADORACIÓN DISTORSIONADA – ESPECTÁCULO SIN REVERENCIA

Otro error común es la adoración convertida en espectáculo. En este caso, la atención ya no está en Dios, sino en los hombres. Se mide el éxito de la adoración por la calidad de la producción, las luces, el volumen de la música o la cantidad de aplausos. Todo esto puede tener un lugar, pero cuando desplaza la reverencia, la adoración se convierte en un show vacío.

La adoración distorsionada busca impresionar al público, no agradar a Dios. Puede provocar emociones fuertes, pero no necesariamente acerca el corazón al Creador. Jesús advirtió de los que honran a Dios con los labios mientras su corazón está lejos. Esa adoración se queda en lo externo y no penetra en lo profundo del alma.

El peligro de este enfoque es que produce creyentes dependientes del espectáculo. Necesitan estímulos cada vez mayores para sentirse cerca de Dios, y cuando no los tienen, sienten que la adoración ha perdido poder. Pero la Biblia enseña que lo que Dios busca es un corazón contrito y humillado, no una producción impresionante. Una adoración sin reverencia es un pilar hueco que tarde o temprano se quiebra.

Además, cuando la adoración se convierte en entretenimiento, el corazón pierde el enfoque de dar para pasar a exigir. La gente deja de ir a adorar a Dios y empieza a ir a "consumir experiencias". Ese desplazamiento sutil es una señal de que el pilar se ha distorsionado y que la gloria ya no está siendo dada al Señor.

"HAZLO TÚ MISMO" – "YO ADORO A MI MANERA" SIN CONGREGARSE

También hay quienes creen que la adoración puede ser completamente individual y desligada de la iglesia. Dicen frases como: "yo adoro a Dios a mi manera", o "no necesito congregarme para adorar". Aunque ciertamente la adoración personal es vital, despreciar la adoración congregacional es como intentar sostener un edificio con un solo pilar aislado. Dios nos diseñó para adorar como cuerpo, no solo como individuos.

La adoración en soledad tiene valor, pero no reemplaza la adoración colectiva. El Salmo 22:3 dice que Dios habita en medio de la alabanza de su pueblo, no solo en la adoración privada. Cuando nos reunimos, nuestras voces se entrelazan y nuestro testimonio conjunto se convierte en un altar vivo. Pretender adorar desconectados del cuerpo de Cristo es un error que debilita el edificio espiritual.

La adoración "hazlo tú mismo" también se caracteriza por un individualismo que evita la corrección. Cuando alguien se congrega, se expone a la exhortación, al ejemplo y al apoyo de otros creyentes. El que se aísla, en cambio, corre el riesgo de inventar un concepto de Dios a su medida, adorando más a su propia idea que al verdadero Creador. Ese pilar no puede sostener nada duradero.

El creyente que desprecia la adoración congregacional olvida que el cielo mismo es una multitud de voces unidas exaltando al Cordero. Aislarse en nombre de la "espiritualidad personal" es construir un pilar incompleto que nunca podrá reflejar la plenitud de lo que Dios diseñó para su pueblo.

LA CONSTRUCCIÓN CORRECTA – ADORACIÓN EN ESPÍRITU Y EN VERDAD

La adoración verdadera es la que Jesús definió: "en espíritu y en verdad". No depende de un lugar físico ni de emociones pasajeras, sino de una relación viva con Dios. Adorar en espíritu significa que fluye de lo profundo del corazón, impulsada por el Espíritu Santo, no por la carne. Adorar en verdad significa que está enraizada en la Palabra, que refleja la realidad de quién es Dios y lo que Él merece.

Esta adoración comienza en la intimidad, cuando el creyente reconoce a Dios como el centro de su vida. No necesita estímulos externos para levantar su voz, porque sabe que su propósito principal es darle gloria. La vida entera se convierte en un acto de adoración: las decisiones, las palabras y las acciones son ofrecidas como sacrificio vivo al Señor.

La adoración genuina también se expresa en comunidad. La iglesia reunida es un testimonio poderoso de que Dios es digno de honra. Cada voz se une a las demás para proclamar que Él reina, y ese acto de unidad refleja el cielo mismo. Adorar en espíritu y en verdad nos recuerda que no estamos solos, que somos parte de un pueblo redimido que levanta un solo cántico.

Este pilar de adoración no depende de estilos musicales ni de preferencias culturales. Puede expresarse con himnos antiguos o con cánticos nuevos, con instrumentos modernos o con voces sencillas. Lo importante no es la forma, sino el corazón rendido. Dios no busca un sonido perfecto, busca un corazón sincero que lo exalte.

La adoración verdadera también es reverente. Reconoce la grandeza de Dios y se acerca con temor santo. No se trata de un show para entretener, sino de un altar donde el hombre se postra ante el Creador. Cuando adoramos en espíritu y en verdad, la atmósfera cambia porque Dios se hace presente en medio de su pueblo.

Un aspecto esencial de esta adoración es que transforma al adorador. Quien realmente adora no puede salir igual. La presencia de Dios purifica, quebranta y renueva. Un servicio de adoración no se mide por cuán fuerte fue la música, sino por cuánto más rendido salió el corazón delante del Señor.

La adoración en espíritu y en verdad también nos prepara para la eternidad. Apocalipsis describe multitudes cantando delante del trono: "Digno es el Cordero que fue inmolado". Cada vez que adoramos aquí, nos alineamos con esa adoración celestial que nunca cesará. Es un ensayo eterno que nos recuerda cuál es nuestro destino final: glorificar a Dios por siempre.

Finalmente, la adoración verdadera coloca a Dios en el centro y nos saca a nosotros del foco. No se trata de lo que sentimos ni de lo que recibimos, sino de lo que ofrecemos. Cuando la iglesia levanta un altar de adoración sincera, todo el edificio espiritual se fortalece, porque Dios mismo se convierte en el centro y el fundamento. Ese es el pilar de la adoración: reconocer al Señor como todo en nuestra vida.

CONCLUSIÓN

La adoración no es un lujo, es un pilar esencial de la vida cristiana. Una adoración frágil se reduce a emociones, una distorsionada se convierte en espectáculo, y una individualista se aísla del cuerpo. Pero la adoración en espíritu y en verdad sostiene al creyente y glorifica a Dios.

El llamado es claro: examina tu adoración. ¿Está centrada en ti o en Dios? ¿Es solo emoción o es entrega? ¿Es un show o es reverencia? Solo cuando nuestra adoración fluye del espíritu y se fundamenta en la verdad de Cristo, el templo de nuestro corazón se convierte en un lugar donde Dios habita con agrado.

CAPÍTULO 6

EL PILAR DEL TESTIMONIO: REFLEJAR A DIOS ANTE LOS HOMBRES

Mateo 5:16

Así alumbre vuestra luz delante de los hombres, para que vean vuestras buenas obras, y glorifiquen a vuestro Padre que está en los cielos.

INTRODUCCIÓN

Un edificio no se construye solo para quienes lo levantan, sino también para quienes lo observan y lo utilizan. La solidez, la belleza y la funcionalidad de la obra hablan del arquitecto que la diseñó y de los constructores que la edificaron. De igual manera, la vida cristiana no se trata únicamente de lo que sucede en lo íntimo del corazón, sino también de lo que proyectamos hacia los demás. El testimonio es el pilar que hace visible la obra de Dios en nosotros.

El testimonio no es opcional; es la evidencia de que Cristo realmente habita en el templo del corazón. Jesús dijo que somos la luz del mundo y la sal de la tierra. La luz no puede esconderse, y la sal no puede perder su sabor sin dejar de ser útil. El testimonio, entonces, es el reflejo de una vida transformada, el fruto visible de lo que Dios ha hecho en lo secreto.

Sin embargo, no todo testimonio es verdadero. Algunos viven con un testimonio frágil, que dice mucho con palabras pero carece de coherencia en los hechos. Otros se refugian en una apariencia religiosa que impresiona a los hombres, pero no tiene poder real. Y otros se aíslan, creyendo que basta con tener una fe privada sin necesidad de impactar a nadie más. En contraste, el testimonio correcto es integral: una vida coherente, constante y luminosa que glorifica a Dios en todo lugar.

Además, el testimonio no solo es una responsabilidad individual, sino también colectiva. Lo que la iglesia refleja como comunidad también habla del Dios al que servimos. Una congregación sin coherencia daña el mensaje tanto como un individuo incoherente. Así, el pilar del testimonio no sostiene únicamente una vida personal, sino también el testimonio conjunto del cuerpo de Cristo.

TESTIMONIO FRÁGIL – PALABRAS SIN COHERENCIA DE VIDA

Un testimonio frágil es como una pared pintada de colores vivos, pero con grietas ocultas detrás. Son aquellos que hablan con elocuencia de Dios, pero sus acciones no respaldan lo que dicen. Prometen fidelidad al Señor en público, pero en lo privado viven de manera contraria. Este tipo de vida debilita la credibilidad del evangelio y deja en evidencia un cristianismo superficial.

La incoherencia destruye más rápido que cualquier ataque externo. Pablo escribía que el nombre de Dios era blasfemado entre los gentiles por causa de algunos que decían una cosa y hacían otra. Un testimonio frágil no solo afecta al individuo, también afecta la percepción de Cristo en el mundo. No hay contradicción más dañina que la de un cristiano que confiesa con sus labios, pero niega con su conducta.

La fe que no se traduce en obediencia es como un pilar vacío. Puede sostener un poco de peso, pero se derrumba en la primera prueba. La coherencia entre lo que creemos y lo que vivimos es indispensable para que el testimonio sea firme. Una palabra respaldada por hechos se convierte en una columna sólida que sostiene la credibilidad del evangelio.

El testimonio frágil también hiere profundamente a los que esperan encontrar autenticidad en los creyentes. Muchos incrédulos han rechazado la fe no por Cristo, sino por los malos ejemplos de quienes dicen seguirlo. Una grieta en la vida de un creyente puede convertirse en tropiezo para otros, mostrando la urgencia de reforzar este pilar con sinceridad y obediencia.

TESTIMONIO DISTORSIONADO – APARIENCIA DE PIEDAD SIN PODER

Otro error común es el testimonio distorsionado, cuando la vida cristiana se convierte en una fachada de religiosidad. Es la apariencia de piedad sin el poder transformador de Dios. Personas que se esfuerzan en mostrar una imagen perfecta en la iglesia, pero que en lo íntimo no han sido cambiadas por el Espíritu Santo. Es un testimonio que brilla en lo externo, pero que no tiene raíz en lo eterno.

Jesús confrontó a los fariseos por este mismo problema. Eran sepulcros blanqueados: hermosos por fuera, pero llenos de podredumbre por dentro. Esa es la esencia de un testimonio distorsionado: parece sólido, pero en realidad está vacío. Se busca la aprobación de los hombres en vez de la gloria de Dios, y se construye sobre la vanidad en lugar de la verdad.

El peligro de esta apariencia es que engaña tanto al que la vive como a los que lo rodean. Por un tiempo puede impresionar, pero tarde o temprano la verdad sale a la luz. Un edificio construido con materiales de imitación puede lucir lujoso, pero se desploma con el paso del tiempo. Así ocurre con quienes viven de la fachada de santidad sin experimentar la transformación real que solo Cristo puede dar.

Además, la apariencia de piedad suele endurecer el corazón. Quien vive para aparentar termina creyéndose su propia máscara, y en lugar de buscar la gracia de Dios, se refugia en la autojustificación. Ese pilar distorsionado no solo se quiebra, sino que arrastra a otros que lo imitan, debilitando todo el edificio espiritual.

"HAZLO TÚ MISMO" – VIVIR AISLADO SIN SER LUZ PARA NADIE

El testimonio no puede darse en aislamiento, porque por definición es algo que otros ven. Sin embargo, hay quienes deciden vivir su fe de manera completamente privada, sin compartirla con nadie, como si el cristianismo fuera un secreto personal. Son los que dicen: "mi fe es solo entre Dios y yo", y se conforman con vivir aislados, sin impactar a nadie más.

Este tipo de vida es como un edificio construido en un desierto donde nadie lo ve ni lo usa. Puede estar bien hecho, pero no cumple su propósito. Jesús dijo que nadie enciende una lámpara para ponerla debajo de una vasija, sino para que alumbre a todos los que están en casa. Una fe escondida no puede reflejar a Cristo, porque el testimonio fue diseñado para brillar en medio de las tinieblas.

El aislamiento también impide el crecimiento. Quien se aparta de la comunidad pierde la oportunidad de ser exhortado, corregido o animado. Su vida se convierte en un pilar colocado aparte, incapaz de sostener el peso del edificio completo. El testimonio se fortalece en la interacción con otros, porque es ahí donde realmente se prueba la luz.

Además, el que decide vivir aislado no cumple con la misión de ser sal y luz para el mundo. Su fe queda encapsulada, y aunque pueda sostenerlo a nivel personal por un tiempo, nunca impacta a los demás. Un pilar que no sostiene nada más se vuelve inútil, y así es la vida que decide esconder el testimonio en lugar de proyectarlo.

LA CONSTRUCCIÓN CORRECTA – TESTIMONIO INTEGRAL

El testimonio genuino es integral, porque abarca tanto lo que decimos como lo que hacemos. No es un esfuerzo por aparentar, sino la consecuencia natural de una vida transformada por Cristo. El creyente que tiene un testimonio verdadero refleja a Dios en su trabajo, en su familia, en su trato con otros y en su vida íntima. No hay doblez, porque la misma luz que brilla en público ilumina también en lo secreto.

Este testimonio no se construye de un día para otro. Es el resultado de permanecer en Cristo y permitir que su Espíritu Santo moldee nuestro carácter. Cada decisión de obediencia, cada acto de amor y cada palabra de verdad son ladrillos que refuerzan la columna del testimonio. A veces se prueba en lo pequeño, como ser honesto en lo oculto, y otras en lo grande, como mantenerse firme en la persecución. Pero en ambos casos, la coherencia lo convierte en un pilar inquebrantable.

El testimonio integral también se manifiesta en el fruto del Espíritu. Amor, gozo, paz, paciencia, benignidad, bondad, fe, mansedumbre y templanza son evidencias visibles de una vida gobernada por Dios. Estos frutos no se fabrican humanamente, sino que brotan de una comunión genuina con Cristo. Cuando el carácter del creyente refleja a su Señor, el mundo ve un edificio sólido que no puede ser ignorado.

Dios también utiliza las pruebas para purificar y fortalecer nuestro testimonio. Cada dificultad es una oportunidad para demostrar que nuestra confianza no está en nosotros mismos, sino en Él. El mundo no queda impresionado por lo que decimos en tiempos de bonanza, sino por cómo reaccionamos en medio de la adversidad. Una vida que se mantiene fiel en el dolor predica más fuerte que mil sermones.

El testimonio correcto siempre apunta a Dios y no al hombre. Jesús dijo: "para que glorifiquen a vuestro Padre que está en los cielos". No se trata de que otros nos aplaudan, sino de que al ver nuestra vida, reconozcan la obra del Señor. El creyente que brilla con luz propia se apaga, pero el que refleja la luz de Cristo ilumina sin cesar.

Este pilar no puede levantarse en aislamiento. La comunidad de fe es parte del proceso, porque allí es donde aprendemos a servir, a amar y a perdonar. El testimonio no se da solo en las plataformas visibles, sino en los actos cotidianos de amor hacia los demás. En la interacción diaria se muestra si lo que proclamamos es real o no.

El testimonio integral también incluye coherencia doctrinal. No basta con tener buenas obras si nuestra fe está torcida. El evangelio debe ser proclamado con la boca y demostrado con la vida. Una columna bien cimentada no solo sostiene, también marca la dirección del edificio. De igual manera, un testimonio firme no solo edifica, también guía a otros hacia Cristo.

Finalmente, el testimonio genuino permanece en el tiempo. Las modas cambian y las apariencias se desgastan, pero una vida transformada deja huellas eternas. Aun cuando el creyente ya no esté presente, su testimonio sigue hablando. Como dice Hebreos de Abel: "aun muerto, todavía habla". Esa es la fuerza de un pilar bien construido: sigue sosteniendo aun después de que el constructor ha partido.

Conclusión

El testimonio es el pilar que muestra al mundo lo que Dios ha hecho en nosotros. Un testimonio frágil se derrumba por incoherencia, uno distorsionado engaña con apariencias, y uno aislado nunca alumbra a nadie. Pero el testimonio integral refleja a Cristo en todo, glorifica al Padre y deja huellas que permanecen más allá de nuestra vida.

El desafío es preguntarnos: ¿qué ven los demás cuando nos observan? ¿Reflejan nuestras palabras y hechos a Cristo, o muestran grietas ocultas? El Señor nos llama a ser luz constante y coherente, un testimonio vivo que sostenga el edificio de la fe y apunte siempre a la gloria de Dios.

PARTE 3
LAS CUATRO PAREDES (DISCIPLINAS ESPIRITUALES QUE NOS BENEFICIAN)

CAPÍTULO 7

LA PARED DE LA PALABRA: ALIMENTO Y DIRECCIÓN PARA EL CREYENTE

2 Timoteo 3:16-17

Toda la Escritura es inspirada por Dios, y útil para enseñar, para redargüir, para corregir, para instruir en justicia, a fin de que el hombre de Dios sea perfecto, enteramente preparado para toda buena obra.

INTRODUCCIÓN

En la construcción de un edificio, las paredes cumplen un doble propósito: dan forma al diseño y protegen lo que hay dentro. No basta con tener un buen fundamento y pilares firmes; sin paredes, la estructura queda incompleta y vulnerable. En la vida espiritual, la Palabra de Dios cumple ese papel: nos da forma, nos protege del error y nos guía en el camino correcto. La Escritura es el muro que rodea y resguarda la vida del creyente.

La Palabra no es un libro cualquiera, es el soplo de Dios escrito para nosotros. Es lámpara a nuestros pies y lumbrera a nuestro camino. Sin ella, el cristiano queda desprotegido, expuesto a filosofías humanas, engaños espirituales y decisiones equivocadas. La Palabra revela el carácter de Dios, confronta el pecado y muestra la senda de la vida. Sin muros, un edificio es un lugar inseguro; sin la Palabra, el creyente se convierte en presa fácil del enemigo.

Sin embargo, no toda relación con la Palabra es genuina. Algunos leen la Escritura de manera superficial, sin aplicarla en la práctica. Otros la distorsionan, torciéndola para justificar sus ideas o intereses. Y otros creen que basta con frases motivacionales, resúmenes o versículos sueltos para vivir, sin profundizar en el consejo completo de Dios. En contraste, la construcción correcta es dejar que la Palabra nos transforme de adentro hacia afuera.

Además, la Palabra no solo nos instruye, también nos equipa para toda buena obra. La Biblia no es un simple manual de información, sino una herramienta de formación que moldea nuestro carácter y nos prepara para cumplir con el propósito eterno de Dios. Cuando edificamos nuestras vidas sobre sus enseñanzas, cada muro se levanta sólido y cada área queda protegida por la verdad que permanece para siempre.

Lectura Frágil – Leer sin Aplicar

Una lectura frágil de la Palabra es como una pared levantada con ladrillos mal asentados: a simple vista parece estar allí, pero carece de fuerza para resistir presión. Son aquellos que leen la Biblia solo como rutina o como tradición, pero no permiten que lo que leen cambie su vida. Acumulan conocimiento, pero no obediencia.

Santiago advirtió contra este error diciendo: "sed hacedores de la palabra, y no tan solamente oidores, engañándoos a vosotros mismos". Leer sin aplicar es como mirarse en un espejo y olvidarse enseguida de cómo uno es. El resultado es una vida que conoce la verdad, pero no la practica, y por lo tanto no tiene solidez.

Este tipo de lectura se limita a cumplir con un deber religioso. La persona siente que "ya hizo lo correcto" por abrir la Biblia, pero no deja que la Escritura penetre en el corazón. El peligro es que cuando llega la tentación o la prueba, no hay convicción firme, porque nunca se edificó con obediencia. La Palabra no fue muro de protección, sino un adorno superficial.

Una pared débil no protege a nadie; de la misma manera, una lectura sin aplicación no resguarda la vida del creyente. La Palabra debe ser practicada para que se convierta en muro fuerte contra el pecado y el engaño.

Lectura Distorsionada – Torcer la Escritura

Una de las amenazas más serias para la iglesia es la lectura distorsionada de la Biblia. Pedro escribió que algunos tuercen las Escrituras "para su propia perdición". Es cuando se manipula la Palabra para apoyar intereses personales, doctrinas humanas o excusas para el pecado. En lugar de dejar que la Biblia nos corrija, la torcemos para que diga lo que queremos oír.

Este error es como construir una pared torcida. Puede levantarse rápido y aparentar solidez, pero no se alinea con el diseño original y compromete toda la estructura. Una interpretación torcida de la Biblia lleva a la idolatría, al legalismo o al libertinaje. No importa qué tan espirituales suenen las palabras, si no están en armonía con toda la Escritura, son un engaño.

Jesús mismo enfrentó este tipo de distorsión cuando el diablo lo tentó en el desierto usando versículos fuera de contexto. La respuesta de Jesús fue clara: "Escrito está". El Señor nos enseñó que la Palabra debe interpretarse en equilibrio, guiada por el Espíritu y no por intereses humanos.

La lectura distorsionada es peligrosa porque arrastra a otros. Líderes y maestros que tuercen la Palabra construyen muros inclinados que terminan cayendo sobre quienes confiaron en ellos. Por eso, es vital acercarse a la Escritura con humildad, pidiendo discernimiento para no torcerla, sino obedecerla tal como fue dada.

"HAZLO TÚ MISMO" – DEPENDER SOLO DE RESÚMENES Y FRASES MOTIVACIONALES

Otra manera equivocada de relacionarse con la Palabra es depender de resúmenes, frases motivacionales o versículos sacados de contexto. Es como intentar levantar un muro con pedazos sueltos de material: nunca dará protección real. Muchos viven de "devocionales instantáneos" o de citas inspiradoras en redes sociales, sin sumergirse en el consejo completo de Dios.

El peligro de este enfoque es que crea creyentes superficiales. Reciben migajas de verdad, pero no se alimentan del pan completo. Su fe se sostiene en fragmentos aislados, y cuando enfrentan situaciones complejas, no tienen un muro firme que los proteja. Una fe basada en frases bonitas se derrumba en la tormenta.

La Palabra fue dada para ser estudiada, meditada y aplicada, no para ser reducida a slogans espirituales. El salmista decía: "En mi corazón he guardado tus dichos, para no pecar contra ti". Esa clase de relación con la Escritura no se obtiene con resúmenes ocasionales, sino con disciplina diaria.

El creyente que se conforma con frases motivacionales nunca desarrolla raíces profundas. Su vida es como una pared incompleta: puede sostener un poco, pero deja huecos por donde entra el enemigo. Solo al vivir en la plenitud de la Palabra se levanta una muralla firme contra la mentira.

La construcción correcta – Palabra que transforma

La construcción correcta ocurre cuando la Palabra de Dios no solo se lee, sino que se recibe, se guarda y se aplica con obediencia. Es la muralla que rodea al creyente, protegiéndolo del error y guiándolo hacia la voluntad de Dios. Una vida edificada en la Escritura no se tambalea porque cada decisión está enraizada en lo que Dios ha dicho.

La Palabra es alimento para el alma. Así como el cuerpo no puede vivir sin comida, el espíritu no puede sobrevivir sin la Escritura. Jesús lo declaró en el desierto: "No solo de pan vivirá el hombre, sino de toda palabra que sale de la boca de Dios". El creyente que se nutre diariamente de la Palabra desarrolla fuerza espiritual para resistir la tentación y perseverar en la fe.

La Escritura también es dirección. El salmista exclamó: "Lámpara es a mis pies tu palabra, y lumbrera a mi camino". Un cristiano que camina sin la Palabra es como alguien que anda en la oscuridad, tropezando en cada paso. Pero quien se deja guiar por ella, encuentra seguridad y claridad aun en medio de la incertidumbre.

La Palabra tiene además poder de corrección. Pablo le dijo a Timoteo que es útil para redargüir y corregir. Cuando la dejamos obrar en nosotros, nos confronta con nuestro pecado y nos llama al arrepentimiento. Un muro no solo delimita, también impide que salgamos del lugar seguro. Así es la Palabra: nos guarda dentro de los límites de la voluntad de Dios.

El creyente que edifica con la Palabra experimenta transformación real. Sus pensamientos son renovados, sus decisiones cambian y su carácter refleja cada vez más a Cristo. La Palabra no es un adorno religioso, es el poder de Dios actuando en lo cotidiano. Un muro sólido no se construye de un día para otro, sino con ladrillos colocados uno a uno; de la misma manera, la vida espiritual se levanta con disciplina diaria en la Palabra.

La comunidad de fe también fortalece este muro. Escuchar la Palabra predicada, estudiarla en grupos y compartirla con otros añade resistencia a nuestra vida. Dios usa pastores, maestros y hermanos en la fe como herramientas para que comprendamos y apliquemos la Escritura de manera correcta. El muro se vuelve más fuerte cuando se edifica en unidad.

Las pruebas y tentaciones son oportunidades para probar la solidez del muro de la Palabra. Cuando Jesús fue tentado, no respondió con opiniones ni emociones, sino con la Escritura. Un creyente que ha edificado con la Palabra tiene en ella un escudo contra el enemigo. Cada versículo guardado en el corazón es un ladrillo que resiste el ataque.

Finalmente, la Palabra que transforma convierte al creyente en un testimonio vivo. No se trata solo de saberla, sino de encarnarla. El mundo necesita ver que la Biblia no es un libro antiguo, sino una verdad viva en la vida del cristiano. Cuando la Palabra se convierte en nuestro muro, no solo nos protege a nosotros, sino que también muestra a otros el poder del Dios que nos sostiene.

CONCLUSIÓN

La Palabra de Dios es indispensable para la vida cristiana. Leer sin aplicar deja un muro débil, torcer la Escritura levanta muros torcidos, y depender solo de frases motivacionales construye paredes incompletas. Pero cuando la Palabra se recibe, se aplica y se obedece, se convierte en una muralla firme que alimenta, guía y protege.

El llamado es claro: no basta con tener la Biblia, hay que vivirla. Solo así la pared de la Palabra se convierte en el muro sólido que guarda nuestro corazón y hace que todo el edificio espiritual permanezca firme hasta el fin.

CAPÍTULO 8

LA PARED DE LA ORACIÓN: COMUNIÓN QUE SOSTIENE LA VIDA DIARIA

Filipenses 4:6

Por nada estéis afanosos, sino sean conocidas vuestras peticiones delante de Dios en toda oración y ruego, con acción de gracias."

INTRODUCCIÓN

Así como las paredes de un edificio sostienen y encierran los espacios de la vida diaria, la oración es la pared espiritual que protege y da forma a nuestra comunión con Dios. Sin oración, el creyente vive expuesto a la ansiedad, la tentación y el desgaste del mundo. La oración no es un ritual vacío ni una opción secundaria; es la respiración del alma, el contacto constante con el Creador que sostiene cada paso de la vida.

En la construcción espiritual, la oración define qué tan fuerte o qué tan débil será nuestro caminar con Dios. Una vida sin oración es un espacio abierto por donde entran el temor, la duda y la confusión. En cambio, una vida levantada en oración se convierte en un lugar seguro donde el Espíritu Santo habita y guía. La oración no solo pide, también escucha, no solo habla, también rinde.

No obstante, muchos han levantado paredes débiles en este aspecto. Algunos oran únicamente cuando las emergencias los obligan. Otros repiten fórmulas sin vida, pensando que las palabras mecánicas tienen poder en sí mismas. Y otros creen que hablar "a su manera" con Dios, sin disciplina ni perseverancia, es suficiente. Frente a esos errores, la construcción correcta es una oración constante y profunda, en espíritu y en verdad.

Además, la oración es un termómetro de nuestra dependencia de Dios. Quien ora poco, depende de sí mismo; quien ora mucho, reconoce su necesidad constante del Señor. Por eso, la calidad de nuestra vida espiritual no se mide solo por cuánto sabemos, sino por cuánto buscamos a Dios en lo secreto. La oración es la pared que demuestra si realmente confiamos en Él o si estamos tratando de sostenernos con nuestras propias fuerzas.

ORACIÓN FRÁGIL – SOLO EN EMERGENCIAS

Una oración frágil es la que se practica únicamente en tiempos de crisis. Es como una pared levantada con materiales de baja calidad: solo se nota su importancia cuando todo lo demás empieza a caerse. Quien vive de este modo se acuerda de Dios solo cuando está enfermo, en problemas financieros o en medio de un conflicto. Su vida espiritual carece de consistencia porque la oración no es parte de su rutina, sino un recurso desesperado.

Este tipo de oración convierte a Dios en un "bombero celestial" al que se recurre únicamente para apagar incendios. No hay relación diaria ni búsqueda genuina, solo súplicas urgentes cuando la tormenta golpea. El problema es que la oración superficial carece de raíces, y cuando la respuesta no llega inmediatamente, la fe tambalea.

Jesús nos enseñó que debemos orar siempre y no desmayar. La oración frágil no sostiene, porque se basa en la necesidad momentánea y no en la comunión constante. Un muro débil no protege en tiempos de guerra, y una oración ocasional no fortalece en tiempos de prueba.

Además, la oración limitada a emergencias crea una relación utilitaria con Dios. En lugar de buscarlo por amor, se le busca solo por necesidad. Así como un muro que apenas se levanta no puede resistir presión, una oración ocasional nunca podrá sostener el peso de la vida espiritual.

ORACIÓN DISTORSIONADA – FÓRMULAS REPETITIVAS SIN CORAZÓN

Otra pared torcida en la vida espiritual es la oración distorsionada, aquella que se convierte en fórmulas vacías y repeticiones mecánicas. Jesús confrontó este problema al decir: "Y orando, no uséis vanas repeticiones, como los gentiles, que piensan que por su palabrería serán oídos." El peligro no está en repetir palabras, sino en hacerlo sin conexión real con el corazón y con Dios.

Esta oración se parece a un muro pintado pero hueco por dentro: se ve como parte de la estructura, pero no soporta peso. Hay quienes oran largas oraciones en público para aparentar espiritualidad, pero en lo secreto no buscan al Señor. Otros memorizan frases y las repiten como si fueran conjuros, pensando que eso es suficiente. Pero la oración verdadera no es un acto mecánico, es una conversación íntima con el Padre.

El problema con las fórmulas es que sustituyen la relación por el rito. El creyente se siente tranquilo por haber cumplido con "sus oraciones", pero en realidad no ha abierto el corazón delante de Dios. La oración distorsionada no transforma, porque Dios no busca palabras bien dichas, sino un corazón sincero.

Además, cuando la oración se convierte en simple rutina, pierde su poder. No porque Dios no tenga poder para responder, sino porque el corazón que ora no se involucra realmente. Una pared de adorno no protege; de la misma manera, palabras sin alma no edifican.

"Hazlo tú mismo" – "Yo hablo con Dios a mi manera" sin disciplina

También están quienes dicen: "yo oro a mi manera". No niegan la importancia de la oración, pero la reducen a conversaciones esporádicas y sin orden. Aunque Dios puede escuchar incluso las oraciones más simples, una vida sin disciplina de oración carece de la profundidad necesaria para sostenerse en el tiempo. Es como construir una pared con ladrillos puestos al azar: puede levantar algo, pero no tendrá firmeza ni simetría.

El peligro de esta actitud es el autoengaño. La persona siente que tiene una relación cercana con Dios porque de vez en cuando habla con Él, pero en realidad no ha cultivado un hábito de comunión constante. Al igual que en cualquier relación, la falta de constancia debilita el vínculo. Sin disciplina, la vida de oración se convierte en un muro incompleto con huecos por donde entra la debilidad espiritual.

La oración requiere intencionalidad. Jesús mismo, siendo el Hijo de Dios, apartaba tiempos específicos para orar al Padre. Si Él necesitaba disciplina en la oración, ¿cuánto más nosotros? No basta con hablar "a nuestra manera"; necesitamos levantar un muro firme a través de la oración constante y ordenada.

Además, la oración sin disciplina nunca madura. Se queda en lo superficial, sin alcanzar profundidad ni intimidad. Es como un muro a medio levantar: ocupa espacio, pero no cumple su función. El creyente que no desarrolla constancia en la oración difícilmente podrá sostenerse en medio de las presiones de la vida.

LA CONSTRUCCIÓN CORRECTA – ORACIÓN CONSTANTE Y PROFUNDA

La construcción correcta es una vida sostenida por la oración constante y profunda. Es el muro que protege al creyente de la ansiedad, la tentación y la incredulidad. Pablo nos exhorta: "orad sin cesar". Esto no significa repetir palabras todo el día, sino vivir en una actitud continua de dependencia y comunión con Dios. Cada momento de la vida se convierte en una oportunidad para buscar su presencia.

La oración verdadera es diálogo. No se limita a pedir, sino que también escucha. El creyente que ora aprende a reconocer la voz del Espíritu Santo, que guía, corrige y consuela. De esta manera, la oración se convierte en un muro vivo que no solo protege, sino que también orienta el caminar diario.

La oración constante también se manifiesta en la perseverancia. Jesús contó la parábola de la viuda persistente para enseñar que debemos insistir delante de Dios sin desmayar. Una oración profunda no se rinde cuando la respuesta tarda, porque sabe que la confianza está en el carácter de Dios y no solo en los resultados inmediatos.

Este muro de oración se fortalece con gratitud. Filipenses 4:6 nos recuerda que nuestras peticiones deben ir acompañadas de acción de gracias. La gratitud transforma la oración, porque cambia nuestra perspectiva: dejamos de ver solo nuestras carencias y comenzamos a reconocer la fidelidad de Dios. Una oración agradecida edifica un muro impenetrable contra la desesperanza.

La oración también es protección contra el enemigo. Jesús le dijo a Pedro: "he rogado por ti, que tu fe no falte". Cada vez que oramos, levantamos un muro de intercesión alrededor de nuestra vida y de aquellos que amamos. El creyente que ora no pelea solo; cuenta con la cobertura y la fortaleza de Dios en medio de la batalla.

Una oración profunda también incluye rendición. No siempre obtenemos lo que pedimos, pero siempre recibimos lo que necesitamos cuando confiamos en la voluntad de Dios. En Getsemaní, Jesús nos dio el ejemplo perfecto: "no se haga mi voluntad, sino la tuya". La oración nos enseña a alinear nuestro corazón con el plan eterno del Padre.

La comunidad de fe juega un papel importante en esta construcción. La oración congregacional une las voces y multiplica la fuerza espiritual. Jesús prometió que donde dos o tres se reúnen en su nombre, Él está en medio. Orar juntos levanta un muro más fuerte, porque combina la fe de muchos para impactar lo imposible.

Finalmente, la oración constante y profunda transforma al creyente. No se trata solo de obtener respuestas, sino de ser cambiados en la presencia de Dios. Una vida de oración moldea el carácter, fortalece la fe y llena de paz aun en medio de las tormentas. Ese es el muro firme que sostiene la vida diaria: comunión inquebrantable con el Señor.

Conclusión

La oración es la pared que rodea y protege la vida espiritual. Una oración frágil se limita a emergencias, una distorsionada se queda en fórmulas vacías, y una descuidada confunde disciplina con informalidad. Pero la oración constante y profunda se convierte en un muro firme que sostiene, fortalece y transforma.

La invitación es clara: haz de la oración tu vida diaria, no tu último recurso. Cuando la oración es muro constante alrededor del creyente, nada puede derrumbar el edificio de su fe, porque cada día está sostenido por la comunión con Dios.

CAPÍTULO 9

LA PARED DEL AYUNO: DISCIPLINA QUE FORTALECE EL ESPÍRITU

Mateo 6:17-18

Pero tú, cuando ayunes, unge tu cabeza y lava tu rostro, para no mostrar a los hombres que ayunas, sino a tu Padre que está en secreto; y tu Padre que ve en lo secreto te recompensará en público."

INTRODUCCIÓN

Así como las paredes de un edificio delimitan y refuerzan los espacios internos, el ayuno es un muro espiritual que define la fuerza interior del creyente. No es un adorno ni una práctica opcional, sino una disciplina que sostiene la vida espiritual en tiempos de prueba. El ayuno bien practicado humilla el alma, fortalece la fe y abre un espacio profundo para escuchar la voz de Dios.

Sin embargo, muchos han levantado paredes frágiles en esta área. Algunos confunden el ayuno con una simple dieta y lo reducen a un ejercicio físico sin impacto espiritual. Otros lo distorsionan para buscar reconocimiento, exhibiendo una espiritualidad que en realidad no existe. Y algunos lo practican a su manera, sin dirección bíblica ni propósito claro, cayendo en una rutina sin fruto eterno.

El ayuno verdadero no se trata de dejar de comer por costumbre o por imitación, sino de rendir el cuerpo y el alma delante del Señor. Es una construcción que se levanta en lo secreto, donde no se buscan aplausos, sino comunión con Dios. Es un muro que resiste la tentación, que afina la sensibilidad espiritual y que prepara al creyente para enfrentar tormentas.

Este capítulo nos lleva a confrontar las formas equivocadas de ayunar y a redescubrir el diseño correcto. Porque el muro del ayuno no se levanta con apariencia ni con emoción pasajera, sino con obediencia genuina que fortalece el espíritu para caminar en victoria.

Ayuno frágil – dieta disfrazada de espiritualidad

Un ayuno frágil es aquel que se reduce a una dieta disfrazada de práctica espiritual. Muchas personas usan el ayuno como excusa para perder peso o "desintoxicar el cuerpo", y aunque el beneficio físico pueda ser real, espiritualmente no edifica nada. Es como levantar una pared con yeso en lugar de concreto: puede aparentar solidez por fuera, pero no resiste ningún impacto.

El peligro de este enfoque es que convierte un acto sagrado en una rutina superficial. El creyente dice estar ayunando, pero su corazón sigue enfocado en lo externo. No hay oración, no hay búsqueda de Dios, solo un conteo de horas sin comer. Al final, se logra un beneficio temporal para el cuerpo, pero no hay fortaleza eterna para el espíritu.

La Biblia muestra que el ayuno verdadero siempre está acompañado de oración y humillación delante de Dios. Cuando el ayuno se convierte solo en un cambio de dieta, se pierde su esencia. Así como una pared mal construida deja pasar el viento, un ayuno sin entrega no protege de las tentaciones ni abre espacio para el mover del Espíritu Santo.

Un muro frágil se derrumba con facilidad, y un ayuno frágil deja al creyente igual que antes, sin transformación. No basta con abstenerse de alimentos; es necesario rendir el corazón. El ayuno que se enfoca en lo externo nunca edifica una vida fuerte en Dios.

Ayuno distorsionado – hacerlo para ser visto

El ayuno también se distorsiona cuando se practica para ser visto por los hombres. Jesús lo denunció con firmeza: los hipócritas ponían rostro triste y descuidado para mostrar a todos que estaban ayunando. Esa práctica no edificaba nada en lo espiritual, porque en lugar de levantar un muro sólido, solo levantaba una fachada.

Quien ayuna para impresionar a otros busca la gloria humana, no la recompensa de Dios. Esa actitud convierte una disciplina santa en un espectáculo religioso. Es como una pared pintada de lujo, pero sin materiales de calidad en su interior: luce bien, pero no sostiene nada. El reconocimiento de la gente puede ser inmediato, pero la fuerza espiritual nunca llega.

El problema de este tipo de ayuno es que alimenta el orgullo en lugar de crucificarlo. En vez de acercar al creyente a Dios, lo aleja porque su motivación es el aplauso humano. Así como una construcción torcida afecta a todo el edificio, un ayuno distorsionado daña la vida espiritual porque enseña a buscar apariencia en lugar de autenticidad.

Jesús fue claro: el ayuno debe hacerse en secreto, delante del Padre. La recompensa no está en la aprobación de los hombres, sino en el obrar de Dios en lo profundo del alma. Una pared torcida siempre pone en riesgo el edificio, y un ayuno para ser visto siempre debilita la vida espiritual.

AYUNO DEL "HAZLO TÚ MISMO" – SIN PROPÓSITO ESPIRITUAL

Otra forma equivocada de ayunar es hacerlo sin propósito espiritual, solo por costumbre o por moda. Hay quienes deciden ayunar porque otros lo hacen, o porque escucharon que es "bueno para acercarse a Dios", pero nunca definen un objetivo ni un motivo claro. El resultado es un muro a medio construir: ocupa espacio, pero no cumple función.

El ayuno sin propósito se convierte en una rutina vacía. La persona deja de comer, pero no busca a Dios con más intensidad. El tiempo que debía usarse en oración se desperdicia en distracciones, y el sacrificio físico no produce fruto espiritual. Así como una pared levantada sin plano puede ser un estorbo en lugar de protección, un ayuno sin dirección no edifica nada.

El peligro de este enfoque es el autoengaño. El creyente siente que cumplió con algo espiritual, pero en realidad no se acercó más al Señor. Es como poner ladrillos al azar sin cemento: parece construcción, pero no hay unidad ni fortaleza. El ayuno sin propósito no transforma el corazón, solo acumula cansancio.

El ayuno verdadero requiere intencionalidad. Debe tener dirección en la oración, un motivo claro y una rendición sincera delante de Dios. Sin eso, la pared se queda incompleta, y la vida espiritual sigue expuesta al desgaste.

LA CONSTRUCCIÓN CORRECTA – AYUNO QUE HUMILLA Y FORTALECE

El ayuno correcto es aquel que se practica con corazón rendido y propósito espiritual definido. No se trata de impresionar a nadie, ni de cumplir con un deber religioso, sino de buscar a Dios con intensidad. Es un muro que se levanta en secreto, con lágrimas de humillación y con una entrega que fortalece al espíritu en medio de la batalla.

Este ayuno nos recuerda que no vivimos solo de pan, sino de toda palabra que sale de la boca de Dios. Al debilitar el cuerpo, se fortalece el espíritu, porque se reconoce que la verdadera fuerza proviene del Señor. Es un muro sólido que protege contra la tentación y contra la autosuficiencia. El ayuno bien practicado abre espacio para depender más de Dios y menos de lo humano.

El ayuno verdadero siempre está acompañado de oración ferviente. No es un silencio vacío, sino un clamor que conecta al creyente con el cielo. Así como las paredes bien reforzadas resisten la presión externa, el ayuno con oración sostiene al creyente frente a las pruebas y le da claridad espiritual para tomar decisiones.

Otro aspecto del ayuno correcto es que produce quebrantamiento. No se trata de mostrar fortaleza humana, sino de reconocer debilidad delante de Dios. Cada momento de hambre física es una oportunidad para recordar nuestra dependencia del Señor. Este muro se levanta con humildad, no con orgullo, y por eso permanece firme.

El ayuno también fortalece la sensibilidad espiritual. Cuando el cuerpo calla, el espíritu escucha mejor. Muchos testimonios muestran cómo en medio del ayuno Dios revela direcciones, corrige actitudes y confirma su voluntad. Es como un muro que no solo protege, sino que también abre ventanas para ver más allá.

Además, el ayuno congregacional tiene un impacto poderoso. Cuando el pueblo de Dios se une en ayuno y oración, la pared espiritual se levanta más alta y fuerte. La Biblia muestra ejemplos como el de Nínive, donde toda la ciudad se humilló, y Dios tuvo misericordia. La construcción correcta no es solo individual, también es comunitaria.

El fruto del ayuno correcto no es solo fortaleza interior, sino transformación visible. La vida cambia, el carácter se moldea y la fe se afianza. El muro no queda oculto, sino que da testimonio a otros de que Dios sigue obrando en el corazón rendido.

Finalmente, el ayuno verdadero siempre glorifica a Dios y no al hombre. Es un acto secreto que produce fruto público, no en aplausos, sino en una vida más santa, más fuerte y sensible a la voz del Espíritu. Ese es el muro que protege al creyente y lo prepara para permanecer firme en medio de cualquier tormenta.

CONCLUSIÓN

El ayuno es un muro indispensable en la vida cristiana. Cuando se convierte en dieta, en espectáculo o en rutina vacía, no edifica nada y deja la vida espiritual expuesta. Pero cuando se practica con propósito, con oración y con rendición, se levanta como una pared firme que fortalece al creyente y lo acerca más a Dios.

La invitación es clara: no ayunes para impresionar ni para cumplir, sino para encontrarte con el Padre en lo secreto. Allí, en ese lugar de dependencia y humillación, tu espíritu será fortalecido y tu vida se levantará como un edificio sólido que permanece en pie frente a toda tormenta.

CAPÍTULO 10

LA PARED DE LA COMUNIÓN FRATERNAL: LA EDIFICACIÓN MUTUA DEL CUERPO DE CRISTO

Hebreos 10:25

No dejando de congregarnos, como algunos tienen por costumbre, sino exhortándonos; y tanto más, cuanto veis que aquel día se acerca.

INTRODUCCIÓN

En toda construcción, las paredes internas no solo delimitan espacios, también unen y sostienen la estructura completa. De la misma manera, la comunión fraternal es una pared espiritual que mantiene unido al cuerpo de Cristo. No es un detalle secundario, sino un elemento esencial para que el edificio de la fe permanezca firme y en orden.

Sin comunión fraternal, el creyente se convierte en una piedra suelta, vulnerable y aislada. La Biblia nos enseña que somos miembros los unos de los otros, y que ninguno puede crecer en plenitud sin la conexión con su hermano. La coinonía, ese compartir profundo de la fe, es la muralla que protege contra el egoísmo y el individualismo que tanto marcan nuestra época.

Sin embargo, muchos han levantado paredes defectuosas en esta área. Algunos se reúnen sin compromiso real, como si la iglesia fuera un club social más. Otros han torcido la comunión en sectarismo y divisiones, edificando muros que separan en vez de unir. Y no faltan los que creen que pueden prescindir de congregarse, levantando su propia espiritualidad aislada que no se somete al diseño de Dios.

Este capítulo nos muestra la diferencia entre esas construcciones frágiles, distorsionadas y egoístas, frente a la verdadera comunión bíblica que edifica al cuerpo de Cristo. Porque solo la coinonía verdadera levanta una pared sólida que protege, nutre y sostiene el edificio espiritual.

COMUNIÓN FRÁGIL – REUNIRSE SIN COMPROMISO REAL

La comunión frágil es aquella que se limita a estar presente físicamente, pero sin involucrar el corazón. Son los que asisten a los cultos y reuniones, pero no establecen vínculos genuinos. Están dentro del edificio, pero no son parte de la construcción. Es como una pared levantada con ladrillos apenas pegados: están en su lugar, pero cualquier presión los separa.

Este tipo de comunión convierte la iglesia en un lugar de encuentros superficiales. Se comparte un saludo, una sonrisa o unas palabras de cortesía, pero no hay apoyo real en las cargas, ni interés genuino en la vida del otro. Cuando viene la dificultad, esa comunión se desmorona porque nunca estuvo cimentada en el amor de Cristo.

El peligro de esta fragilidad es que crea creyentes consumidores en lugar de participantes. La persona va a la iglesia esperando recibir, pero nunca está dispuesta a dar. Su fe se convierte en algo egoísta, desconectado del cuerpo, y por eso nunca madura. Como una pared sin refuerzo, se mantiene en pie solo mientras no haya presión.

La verdadera comunión exige compromiso, entrega y participación activa. Cuando eso falta, el muro queda incompleto y el cuerpo queda expuesto. Una comunión frágil nunca puede sostener la vida espiritual, porque se quiebra al primer golpe de prueba.

COMUNIÓN DISTORSIONADA – SECTARISMO Y DIVISIONES

La comunión también puede ser distorsionada cuando en lugar de unir al cuerpo, lo divide. Esto sucede cuando se levantan muros de sectarismo, favoritismos o ideologías que separan a los creyentes. En vez de unirse alrededor de Cristo, se agrupan en torno a preferencias humanas, produciendo grietas en el edificio espiritual.

El apóstol Pablo reprendió a la iglesia de Corinto porque algunos decían: "yo soy de Pablo, yo de Apolos, yo de Cefas". Esa actitud generaba divisiones y debilitaba la obra. De igual manera, hoy muchos convierten la comunión en pequeños círculos exclusivos donde solo algunos son aceptados. Es como una pared torcida que rompe la armonía del edificio.

El sectarismo no solo divide, también hiere. Los que son rechazados sienten que no pertenecen, y los que se aíslan en sus grupos creen falsamente que son más espirituales. Ese ambiente mata la coinonía, porque el centro ya no es Cristo, sino el orgullo humano. Una comunión distorsionada no edifica, destruye.

La verdadera coinonía no discrimina ni divide. No busca crear muros entre hermanos, sino derribarlos. Cuando la comunión se convierte en un terreno de competencia o exclusión, el edificio de la fe se debilita porque se ha levantado sobre arena y no sobre la roca.

COMUNIÓN DEL "HAZLO TÚ MISMO" – CREER QUE NO HACE FALTA CONGREGARSE

Otra construcción equivocada es la de quienes creen que no necesitan congregarse. Alegan que "su fe es personal" y que pueden vivir solos, sin comunidad. Es la espiritualidad del "hazlo tú mismo", donde el creyente se convierte en su propio arquitecto. Es como intentar construir una pared con un solo ladrillo: imposible.

La Biblia es clara en cuanto a la importancia de la congregación. El texto de Hebreos nos exhorta a no dejar de congregarnos, porque la vida cristiana fue diseñada para vivirse en comunidad. El creyente que se aísla pierde el apoyo, la corrección y la edificación mutua que la iglesia provee. Sin comunidad, la fe se debilita y el corazón se enfría.

El aislamiento espiritual también abre la puerta al engaño. El creyente que camina solo interpreta la fe a su manera, sin someterse a la Palabra en el contexto del cuerpo. Se convierte en juez de sí mismo, sin guía ni supervisión espiritual. Esa clase de muro no protege, porque nunca llega a levantarse con solidez.

Nadie puede ser iglesia en solitario. La comunión fraternal es un diseño divino, no una sugerencia opcional. Creer que se puede crecer aislado es un error fatal que deja al creyente vulnerable y expuesto, como un ladrillo suelto que nunca llega a ser parte de la pared.

LA CONSTRUCCIÓN CORRECTA – COINONÍA BÍBLICA

La comunión correcta es aquella que se vive en coinonía bíblica, es decir, en una participación real, sincera y constante del cuerpo de Cristo. No es un evento ocasional ni un saludo superficial, es un estilo de vida donde cada miembro se entrega al otro y todos son edificados juntos en Cristo.

La verdadera comunión se edifica en el amor. Jesús dijo: "En esto conocerán todos que sois mis discípulos, si tuviereis amor los unos con los otros". Este amor no es un sentimiento pasajero, sino una decisión de cargar las cargas de los demás, de perdonar, de servir y de buscar el bien común. Es como un muro reforzado que, ladrillo a ladrillo, se vuelve inquebrantable.

La coinonía también incluye exhortación. No se trata solo de compartir alegrías, sino también de corregir en amor cuando es necesario. Una pared recta se logra corrigiendo los desniveles, y una comunión sana se mantiene firme cuando hay disposición a recibir y dar corrección en la verdad.

Otra característica de la comunión bíblica es la unidad en la diversidad. No todos los ladrillos son iguales, pero juntos forman un muro sólido. Así, en la iglesia, cada miembro tiene un don, una función y una historia diferente, pero todos son necesarios para que el edificio espiritual esté completo. La comunión verdadera no elimina las diferencias, las integra en Cristo.

La coinonía también se manifiesta en el servicio mutuo. Cada vez que servimos al hermano, estamos colocando un ladrillo más en el muro de la comunión. El egoísmo derrumba, pero el servicio edifica. El creyente que da su tiempo, sus dones y su apoyo está contribuyendo a que el muro se mantenga firme.

La comunión correcta también es un testimonio para el mundo. Jesús oró para que sus discípulos fueran uno, "para que el mundo crea". Una iglesia dividida o fría no convence a nadie, pero una iglesia unida en amor es un muro que muestra la gloria de Dios a todos los que la observan. La coinonía es un evangelio visible.

Otro aspecto esencial es la perseverancia. La comunión no se sostiene con entusiasmo momentáneo, sino con constancia. Requiere tiempo, paciencia y compromiso. Así como un muro se construye ladrillo a ladrillo, la comunión se edifica día tras día, en los detalles, en la fidelidad y en la permanencia.

Finalmente, la coinonía bíblica nos prepara para la eternidad. En el cielo, la adoración será colectiva, y la comunión será perfecta. Cada vez que practicamos la coinonía en la tierra, estamos ensayando para la eternidad, levantando un muro que refleja el propósito eterno de Dios para su pueblo.

CONCLUSIÓN

La comunión fraternal no es un adorno en la vida cristiana, es una pared indispensable que sostiene y protege el edificio de la fe. Una comunión frágil se derrumba, una distorsionada divide, y una aislada nunca se levanta. Pero la coinonía bíblica edifica un muro firme donde cada miembro sostiene al otro y Cristo es glorificado.

El llamado es claro: no seas un ladrillo suelto ni una pared torcida. Permite que el amor, la corrección y el servicio mutuo edifiquen tu vida junto al cuerpo de Cristo. Solo así levantarás una pared de comunión verdadera que resistirá toda prueba y dará testimonio de la gloria de Dios.

PARTE 4
EL TECHO
(COBERTURA DE DIOS Y
VERDADERA PROSPERIDAD)

CAPÍTULO 11

LA COBERTURA DIVINA: PROTECCIÓN BAJO EL TECHO DEL ALTÍSIMO

Salmo 91:1

El que habita al abrigo del Altísimo morará bajo la sombra del Omnipotente.

INTRODUCCIÓN

En toda construcción, el techo cumple un papel vital. No importa qué tan firmes sean los cimientos o qué tan sólidas las paredes, sin un techo adecuado la estructura queda expuesta a la lluvia, al sol abrasador y a los vientos destructivos. De la misma manera, la vida espiritual necesita la cobertura divina, porque solo bajo el abrigo del Altísimo se encuentra la verdadera protección contra los embates del enemigo y las tempestades del mundo.

El problema de muchos creyentes es que buscan techo en lugares equivocados. Algunos se refugian en personas, en instituciones o en sistemas humanos que parecen seguros, pero que tarde o temprano se agrietan y colapsan. Otros permiten que el concepto de cobertura sea distorsionado por líderes que lo convierten en una herramienta de control, en lugar de una bendición espiritual. Y muchos otros deciden que no necesitan cobertura, confiando en su propia fuerza como si pudieran resistir solos la tormenta.

La Biblia enseña que el único refugio verdadero es el Señor. Habitar bajo su sombra no es una teoría, es una experiencia diaria de dependencia, obediencia y fe. No se trata de un techo simbólico, sino de la presencia misma de Dios que guarda al creyente de todo mal. Cuando permanecemos bajo Su cobertura, ninguna arma forjada prospera, y aunque caigan mil a nuestra izquierda y diez mil a nuestra derecha, la protección del Altísimo se mantiene firme.

Este capítulo nos llama a revisar en qué techo hemos confiado. ¿Estamos bajo la sombra del Omnipotente, o nos hemos refugiado en coberturas humanas, manipuladas o inexistentes? Solo al abrazar la cobertura divina podemos permanecer firmes, seguros y protegidos mientras avanzamos en la edificación de nuestra vida espiritual.

COBERTURA FRÁGIL – CONFIANZA EN LÍDERES HUMANOS

Muchos creyentes cometen el error de pensar que su seguridad depende exclusivamente de un líder humano. Valoran más las palabras de un pastor, profeta o mentor que la voz de Dios, como si la autoridad espiritual pudiera reemplazar al abrigo del Altísimo. Esta confianza desmedida en los hombres es como levantar un techo de cartón: parece útil mientras no llueva, pero al primer aguacero se deshace.

La Biblia honra la autoridad espiritual y enseña a sujetarse a los pastores que velan por nuestras almas, pero jamás coloca esa autoridad en el lugar de Dios. Cuando la cobertura se reduce a depender ciegamente de un líder, el creyente termina vulnerable, porque ningún ser humano puede proteger de las batallas espirituales ni de las artimañas del diablo. Esa seguridad mal colocada se convierte en un riesgo, porque al fallar el hombre, la fe del creyente también se desploma.

Confiar en líderes humanos como techo absoluto también genera idolatría espiritual. Se comienza a exaltar al mensajero más que al mensaje, y a venerar a la persona más que al Señor que lo envió. Esto no solo debilita la fe, sino que construye un muro frágil que, en lugar de proteger, expone. Solo Dios puede ser refugio eterno; los hombres somos instrumentos que apuntan a ese refugio, no sustitutos de Él.

Por eso, una cobertura frágil es aquella que deposita en los hombres lo que solo pertenece al Altísimo. Los líderes son guías, pero no techos absolutos. Cuando el creyente entiende esta diferencia, honra la autoridad terrenal sin dejar de habitar bajo la sombra del Omnipotente, que es la única cobertura que nunca falla.

COBERTURA DISTORSIONADA – MANIPULACIÓN CON EL TEMA DE AUTORIDAD

Otro error común es la cobertura distorsionada, cuando el concepto de autoridad espiritual se utiliza como herramienta de manipulación. Algunos líderes enseñan que someterse a ellos es equivalente a someterse a Dios, y que apartarse de su control es salirse de la cobertura divina. Esto es como colocar un techo de hierro pesado que, en vez de proteger, aplasta a quienes están debajo.

La manipulación en nombre de la cobertura ha herido a muchos creyentes, haciéndolos sentir esclavos en lugar de hijos libres. En lugar de un ambiente de cuidado y dirección, se crea un clima de miedo, dependencia tóxica y control emocional. El creyente termina obedeciendo al hombre más por temor que por convicción bíblica, levantando un techo que limita el crecimiento en lugar de resguardarlo.

La verdadera autoridad espiritual siempre apunta a Cristo y se ejerce en amor, no en dominio. Pedro exhortó a los ancianos a pastorear "no como teniendo señorío sobre los que están a vuestro cuidado, sino siendo ejemplos del rebaño". Cualquier techo que oprime y manipula no es cobertura divina, es distorsión humana.

Un techo distorsionado puede dar apariencia de fortaleza, pero tarde o temprano genera grietas profundas en la fe. El creyente que vive bajo manipulación termina confundido, inseguro y temeroso, lejos de la libertad gloriosa de los hijos de Dios. Por eso, debemos discernir entre una cobertura que cuida y una cobertura que controla, y rechazar todo lo que se aleje del diseño de Dios.

Cobertura del "hazlo tú mismo" – creer que uno mismo se protege

Hay quienes, cansados de la manipulación o la dependencia excesiva de líderes, deciden que no necesitan cobertura alguna. Adoptan una espiritualidad independiente y autosuficiente, creyendo que ellos mismos pueden protegerse de todo. Esta actitud es como un edificio sin techo: puede tener paredes firmes y cimientos profundos, pero queda expuesto al sol, a la lluvia y al viento sin remedio.

El creyente que piensa que puede cubrirse solo ignora la realidad de la batalla espiritual. La Biblia enseña que nuestro adversario anda como león rugiente buscando a quien devorar, y que solos no podemos resistir sus ataques. Necesitamos el abrigo del Altísimo, porque nuestra sabiduría y fuerza jamás bastarán. La autosuficiencia espiritual es una ilusión peligrosa que deja grietas por donde el enemigo entra con facilidad.

Además, la cobertura no solo es vertical, con Dios como nuestro refugio, sino también horizontal, a través de la comunidad de fe. El creyente que se aísla y cree que puede cuidarse solo pierde la bendición de la intercesión, el consejo y el respaldo del cuerpo de Cristo. Pretender protegerse a sí mismo es levantar un techo de lona endeble que no resiste la tormenta.

La verdadera seguridad no proviene de la independencia, sino de la dependencia en Dios y en el diseño que Él estableció: vivir bajo su sombra y en la coinonía de la iglesia. Rechazar la cobertura es exponerse innecesariamente, porque nadie puede resistir solo las tormentas espirituales.

LA CONSTRUCCIÓN CORRECTA – LA VERDADERA COBERTURA DIVINA

La construcción correcta se levanta cuando entendemos que la cobertura no es un invento humano, sino una realidad espiritual que fluye de la presencia de Dios. Habitar al abrigo del Altísimo significa permanecer en comunión constante con Él, bajo su Palabra, su Espíritu y su voluntad. Es vivir conscientes de que nuestro techo no es un hombre ni nuestra propia fuerza, sino el Dios Todopoderoso que nos resguarda.

La cobertura divina se manifiesta primero en la intimidad. Quien habita bajo la sombra del Omnipotente busca diariamente refugiarse en oración, adoración y obediencia. Esa vida de dependencia crea un ambiente donde el enemigo no puede penetrar fácilmente, porque el corazón está protegido por la presencia del Señor. El verdadero techo espiritual no se impone desde afuera, se construye desde dentro por medio de una relación viva con Dios.

Además, esta cobertura no es individualista, sino comunitaria. Dios diseñó a la iglesia como un cuerpo que se cuida mutuamente. Cuando los creyentes oran unos por otros, se exhortan y se sostienen en amor, están participando de esa cobertura que fluye desde Cristo, la cabeza. Así como un techo completo está formado por varias vigas unidas, la cobertura divina se fortalece cuando la iglesia permanece en unidad y en sujeción a la Palabra.

La cobertura verdadera también nos libra del engaño de la manipulación. Cuando el creyente entiende que su techo principal es Cristo, puede honrar a sus líderes sin idolatrarlos y puede sujetarse sin ser esclavizado. Esta perspectiva sana libera a la iglesia de extremos dañinos y la lleva a experimentar la protección genuina que solo viene del Señor.

Otro aspecto de la cobertura divina es la seguridad en la batalla espiritual. Efesios nos recuerda que Dios nos viste con toda su armadura, y parte de esa protección es la cobertura de su Espíritu. No se trata de confiar en rituales o en líderes carismáticos, sino en el poder de Dios que guarda a los que le temen. Un creyente que habita bajo ese techo puede enfrentar la tormenta sin temor, porque sabe que está guardado en el hueco de la mano del Señor.

La cobertura correcta también nos recuerda que no estamos solos en el camino. El Espíritu Santo nos guía como Consolador, los ministerios de la iglesia nos orientan como cuidadores, y la comunión nos fortalece como compañeros de batalla. Juntos formamos un pueblo protegido, no por nuestras fuerzas, sino por la presencia del Dios vivo.

Finalmente, habitar bajo la cobertura del Altísimo trae paz en medio de la incertidumbre. El que sabe que está protegido por Dios descansa aun en medio del caos, porque confía en que ningún mal le sucederá sin que el Padre lo permita. Esa seguridad no elimina las pruebas, pero garantiza la victoria. El techo divino no solo cubre, también asegura que la obra espiritual llegue a completarse para la gloria de Dios.

CONCLUSIÓN

La cobertura divina es indispensable en la vida cristiana. Una cobertura frágil en líderes humanos se desploma, una distorsionada que manipula oprime, y una autosuficiente deja expuesto al creyente. Solo la cobertura del Altísimo protege, fortalece y da descanso seguro en medio de la tormenta.

El llamado es claro: deja de confiar en techos débiles y abraza la verdadera protección que viene de habitar bajo la sombra del Omnipotente. Allí está la seguridad que ninguna tormenta puede derribar y la paz que ningún enemigo puede arrebatar.

CAPÍTULO 12

LA BENDICIÓN ESPIRITUAL: PROSPERIDAD VERDADERA Y NO MUNDANE

Filipenses 4:19

Mi Dios, pues, suplirá todo lo que os falta conforme a sus riquezas en gloria en Cristo Jesús.

INTRODUCCIÓN

En la construcción de una casa, el techo no es un simple adorno, sino la parte que protege, cubre y garantiza que la vivienda sea habitable. Bajo ese techo se encuentran los recursos que hacen la vida posible: luz, agua, alimento y calor. Sin esa cobertura, el edificio puede ser fuerte en apariencia, pero dentro se vuelve inhabitable. De igual forma, en la vida cristiana, la prosperidad verdadera no es lujo ni acumulación, sino la cobertura divina que asegura lo necesario para vivir en plenitud y paz.

La iglesia moderna ha confundido prosperidad con abundancia desmedida. Muchos piensan que estar bendecido significa tener más cosas, más dinero o más éxito en términos mundanos. Sin embargo, la Escritura nos enseña que la prosperidad genuina no se mide por lo que tenemos en la mano, sino por la provisión que viene de la mano de Dios. Una casa con muchos adornos, pero sin agua ni alimento, no es hogar; así también, una vida con riquezas, pero sin paz con Dios, es ruina disfrazada.

Los extremos siempre han dañado la visión correcta de la prosperidad. Unos creen que solo lo material demuestra bendición, otros que toda abundancia es pecado, y otros que basta con decretar o aplicar fórmulas para obtener lo que desean. En cada caso, el techo se vuelve débil y expone al creyente a la tormenta.

Este capítulo nos muestra esos tres errores y nos conduce a la construcción correcta. La prosperidad no es riqueza ni pobreza, ni fórmulas humanas, sino el favor divino que cubre y provee lo necesario en cada temporada. Ese es el techo seguro: la bendición espiritual que no falla porque depende de Dios mismo.

PROSPERIDAD FRÁGIL – MEDIR BENDICIÓN SOLO EN LO MATERIAL

La prosperidad frágil se basa en la idea de que tener bienes es prueba automática de que Dios aprueba nuestra vida. Es como un techo de tejas quebradizas: bajo el sol parece firme, pero en cuanto cae la tormenta se rompe con facilidad. Esta visión convierte la fe en una transacción y la bendición en un inventario.

Muchos creen estar en victoria cuando tienen abundancia, pero al enfrentar escasez dudan de la fidelidad de Dios. Se trata de una fe inestable, porque está cimentada en lo que se ve y no en la Palabra eterna. El apóstol Pablo advirtió que los que quieren enriquecerse caen en lazo y en muchos daños.

El corazón se vuelve esclavo de lo material cuando se aferra a ello como medida de bendición. Jesús dijo que donde está nuestro tesoro, allí estará también nuestro corazón. Si el tesoro está en lo terrenal, la fe se derrumba junto con las riquezas.

Las posesiones no son malas en sí mismas; lo frágil es medir la espiritualidad por ellas. La prosperidad que se enfoca solo en lo material nunca es segura, porque olvida que lo más valioso no es lo que se guarda en la mano, sino lo que permanece en Cristo.

PROSPERIDAD DISTORSIONADA – EL EVANGELIO DE LA POBREZA

En el lado opuesto, algunos creen que todo lo material es mundano y que la única forma de agradar a Dios es vivir en escasez. Esta enseñanza distorsiona la prosperidad, porque confunde sencillez con miseria y convierte la pobreza en un trofeo espiritual. Es como un techo de concreto pesado y mal colocado: en lugar de proteger, oprime y daña la estructura.

La Biblia nos muestra un panorama diferente. Abraham, Job y otros fueron prosperados materialmente sin perder su comunión con Dios. El problema nunca fue lo que poseían, sino el lugar que ocupaba en su corazón. La pobreza obligatoria no es sinónimo de santidad, así como la riqueza no es sinónimo de perdición.

El error del "evangelio de la pobreza" es que roba gratitud. En vez de reconocer la provisión de Dios, se desprecia lo que Él da como si fuera mundano. Ese pensamiento genera culpa en quien recibe bendición y orgullo en quien vive en necesidad, deformando la visión correcta de la gracia.

Un techo así no cubre, sino que carga peso innecesario sobre la vida del creyente. La verdadera prosperidad no es negar lo material, sino reconocer que Dios puede usar tanto la abundancia como lo básico para manifestar su favor.

PROSPERIDAD DEL "HAZLO TÚ MISMO" – LA "SÚPER FE" FABRICADA

El tercer error es pensar que la prosperidad se fabrica con decretos, fórmulas o estrategias humanas. Es el techo improvisado con lona: parece útil por un momento, pero al soplar el viento queda al descubierto la fragilidad de lo construido.

La mentalidad del "hazlo tú mismo" repite frases como: "decláralo y será tuyo", "visualízalo y lo obtendrás". Se centra en la fuerza del hombre y coloca la fe como una herramienta de manipulación en lugar de una dependencia en Dios. Pero la Biblia enseña que si Jehová no edificare la casa, en vano trabajan los que la edifican.

El problema de esta visión es que produce cansancio y frustración. El creyente vive persiguiendo resultados, declarando sin cesar, pero nunca experimenta paz ni seguridad. En lugar de descansar bajo el techo del favor divino, corre sosteniendo con sus manos una cobertura que no resiste.

La prosperidad no se produce con decretos humanos ni con frases de motivación, porque la fuente es Dios mismo. Ninguna fórmula puede sustituir su fidelidad, y todo intento de fabricarla lleva a frustración. La provisión segura solo viene del Señor, que suple conforme a sus riquezas en gloria.

LA CONSTRUCCIÓN CORRECTA – PROSPERIDAD COMO FAVOR DIVINO

La construcción correcta entiende que la prosperidad verdadera es el favor de Dios que cubre a sus hijos. Pablo lo resumió al decir: "he aprendido a contentarme, cualquiera que sea mi situación". Este contentamiento no viene de lo que se tiene, sino de saber que la fuente es inmutable: Dios mismo. Bajo esa cobertura, el creyente no depende de circunstancias externas, sino de la fidelidad eterna del Señor.

Una persona puede tener abundancia y ser próspera en el Señor, y otra puede tener lo básico y ser igualmente próspera, porque ambas dependen de la provisión divina. La medida no es la cantidad, sino la procedencia. Cuando lo recibido viene de Dios, siempre es prosperidad. Esto asegura que la bendición no se interprete por apariencias, sino por la certeza de que viene de la mano del Padre.

El techo firme se levanta sobre la promesa de Filipenses 4:19. Esa cobertura da seguridad frente a la ansiedad, porque recuerda que lo necesario está garantizado en Cristo. El creyente no vive esclavo de la economía ni de la autosuficiencia, sino bajo la paz que da el Altísimo. Allí se encuentra la verdadera libertad: descansar sabiendo que Dios cuida de cada detalle.

La prosperidad divina genera gratitud. Quien entiende que todo viene de Dios aprende a vivir agradecido en cada etapa. Esta gratitud refuerza la vida espiritual, porque protege del orgullo, la envidia y el afán desmedido. Así, el corazón se fortalece con humildad y se mantiene enfocado en el Dador, no en los dones.

La verdadera prosperidad también nos impulsa a la generosidad. Dios no nos bendice para acumular, sino para bendecir a otros. El creyente próspero es canal, no cisterna; comparte porque sabe que la fuente nunca se agota. Cada acto de generosidad confirma que la cobertura divina está activa y extendiéndose a más personas.

Además, esta prosperidad guarda contra la idolatría al dinero. Jesús enseñó que no debemos afanarnos por lo que comeremos o vestiremos, porque el Padre conoce nuestras necesidades. Bajo este techo, la paz reemplaza al miedo y la confianza sustituye al afán. La vida del creyente se convierte en un testimonio de descanso en la fidelidad divina.

La prosperidad espiritual no libra de tormentas, pero garantiza refugio en medio de ellas. Cuando la necesidad golpea, el creyente permanece seguro porque la cobertura de Dios nunca se desploma. Aun en la prueba, la certeza de que el Señor no abandona da fuerzas para resistir y seguir edificando.

Finalmente, esta prosperidad nos prepara para lo eterno. Jesús mandó a acumular tesoros en el cielo, no en la tierra. El favor divino no se limita a lo temporal, sino que asegura un techo eterno que nunca se corrompe. Esa es la herencia del creyente: vivir hoy bajo la provisión de Dios y mañana bajo su gloria eterna.

CONCLUSIÓN

La prosperidad bíblica no se mide en riquezas ni en carencias, tampoco se fabrica con decretos humanos. Los tres errores —lo frágil que se enfoca en lo material, lo distorsionado que idolatra la pobreza, y lo torcido del "hazlo tú mismo"— son techos débiles que no protegen al creyente.

La construcción correcta es vivir bajo la cobertura del favor divino. Con mucho o con poco, el creyente prospera porque Dios suple lo necesario en cada temporada. Esa es la verdadera prosperidad: no un techo de oro ni de escasez, sino el techo del Altísimo que asegura provisión, paz y esperanza en Cristo Jesús.

PARTE 5
APLICACIÓN PRÁCTICA
(LA VIDA DIARIA COMO
CONSTRUCCIÓN CONTINUA)

CAPÍTULO 13

LA TOMA DE LA CRUZ CADA DÍA: PERSEVERANCIA EN LA EDIFICACIÓN

Lucas 9:23

Y decía a todos: Si alguno quiere venir en pos de mí, niéguese a sí mismo, y tome su cruz cada día, y sígame.

INTRODUCCIÓN

En la construcción de una vida espiritual sólida, la perseverancia diaria es el cemento que mantiene firme cada bloque colocado. No basta con tener un buen inicio ni con experimentar momentos de fervor ocasional; la verdadera edificación requiere constancia en el tiempo. Jesús lo dejó claro al decir que seguirle implica tomar la cruz cada día. No es una decisión de un solo momento, sino un compromiso continuo que moldea el carácter y fortalece la fe.

La cruz no es símbolo de derrota, sino de victoria a través de la obediencia. Cada vez que la cargamos en lo cotidiano, estamos afirmando que nuestra vida no nos pertenece, sino que hemos decidido seguir al Arquitecto divino. Así como un obrero que abandona la obra deja el edificio a medio terminar, el creyente que renuncia a la disciplina diaria corre el riesgo de quedarse estancado espiritualmente.

El gran error de muchos es querer resultados eternos con esfuerzos temporales. Desean un edificio fuerte, pero no están dispuestos a la disciplina constante que exige el discipulado. La cruz representa morir al yo, rendir la voluntad y perseverar aun cuando el cansancio y las dificultades se levantan como vientos contrarios. La obra solo se completa cuando se continúa trabajando cada día bajo la guía del Maestro.

Este capítulo nos confronta con tres formas erradas de negar la cruz: hacerlo de manera frágil, distorsionada o desde una autosuficiencia que pretende sustituir la rendición. Finalmente, veremos cuál es la construcción correcta: una disciplina diaria en la que Cristo se convierte en nuestra fuerza para edificar con perseverancia hasta el fin.

NEGARSE FRÁGILMENTE – CEDER AL CANSANCIO O COMODIDAD

Muchos creyentes empiezan bien la carrera de la fe, pero al poco tiempo se cansan y bajan los brazos. Su negación es frágil porque está condicionada a la comodidad: mientras no haya grandes sacrificios, parecen firmes, pero en cuanto la cruz pesa un poco más, abandonan. Es como un muro levantado con materiales baratos que se derrumba al primer viento.

Este tipo de vida espiritual se caracteriza por altibajos constantes. En momentos de ánimo, el creyente se entrega con pasión; pero cuando llega el desánimo o la rutina, deja de perseverar. La obra de Dios en su vida queda a medias, igual que una construcción detenida por falta de recursos. El problema no es que no sepan qué hacer, sino que no han decidido permanecer fieles a pesar de las dificultades.

La comodidad es uno de los grandes enemigos de la cruz. Tomarla cada día significa morir al deseo de una vida fácil y aceptar que el discipulado demanda esfuerzo. Quien edifica solo cuando tiene fuerzas humanas nunca terminará la obra. El muro de su vida espiritual se convertirá en una fachada incompleta, vulnerable a cualquier ataque del enemigo.

En contraste, la perseverancia en la cruz produce madurez. El que no se rinde en medio del cansancio aprende a depender del poder de Dios. Cada paso de fidelidad, aun en debilidad, añade ladrillos firmes a la edificación espiritual. Una vida frágil se derrumba, pero la que persevera cada día con la cruz se levanta como una obra que nada ni nadie puede destruir.

NEGARSE DISTORSIONADAMENTE – ASCETISMO EXTREMO SIN GRACIA

Hay quienes malinterpretan la enseñanza de Jesús y convierten la cruz en un símbolo de auto-castigo. Piensan que seguirlo significa vivir en sufrimiento constante, como si el dolor en sí mismo fuese la medida de la santidad. Este ascetismo extremo distorsiona el mensaje de Cristo, porque en lugar de levantar un muro firme, crea una estructura pesada e inútil que asfixia la vida espiritual.

El problema de esta práctica es que cambia el centro de la edificación. En vez de mirar a Cristo y su obra redentora, el creyente pone su confianza en sus propios sacrificios. De esta forma, la cruz se reduce a un esfuerzo humano vacío, desconectado de la gracia. Es como cargar ladrillos innecesarios que no forman parte del plano del Arquitecto divino.

Una vida marcada por el ascetismo extremo suele producir orgullo espiritual. Quien cree que su sufrimiento lo hace más santo termina comparándose con otros y menospreciando a los que no siguen sus reglas. En vez de edificar un muro de amor y obediencia, levantan barreras de juicio y condena. Jesús nunca pidió una cruz basada en la autosuficiencia, sino en la entrega humilde a la voluntad del Padre.

La verdadera cruz no nos ata con cadenas humanas, sino que nos libera de la esclavitud del pecado. El sacrificio que Dios demanda no es un ritual extremo, sino un corazón rendido y obediente. Tomar la cruz cada día no significa inventar cargas pesadas, sino caminar en gracia, confiando en que su poder se perfecciona en nuestra debilidad.

NEGARSE CON AUTOSUFICIENCIA – VIVIR SOLO DE MOTIVACIÓN SIN CARGAR LA CRUZ

Otro error común es pensar que se puede vivir la vida cristiana únicamente con entusiasmo y motivación, sin necesidad de cargar la cruz. Estas personas creen que basta con mantener un ánimo positivo, frases inspiradoras y esfuerzo humano para sostener la vida espiritual. Es como levantar un muro con adornos bonitos pero sin cimientos: puede verse atractivo, pero carece de resistencia real.

El problema de esta actitud es que elimina el costo del discipulado. Jesús nunca ofreció un camino de pura motivación, sino un llamado a negarse a uno mismo y a tomar la cruz. La autosuficiencia espiritual es peligrosa porque da una apariencia de fortaleza, pero cuando llega la prueba, la estructura se desmorona. No hay motivación que reemplace la fuerza que proviene de la cruz de Cristo.

Además, quienes dependen solo de motivación tienden a vivir de experiencias momentáneas. Hoy se sienten firmes porque escucharon una predicación inspiradora, pero mañana se enfrían porque las emociones cambian. Su muro se levanta y se derrumba una y otra vez, sin lograr una edificación consistente. La perseverancia diaria no se sostiene con frases, sino con una cruz cargada en obediencia.

La cruz diaria nos recuerda que no podemos salvarnos a nosotros mismos ni mantenernos firmes por nuestra propia fuerza. Cada ladrillo de nuestra vida espiritual necesita ser puesto bajo la dirección del Espíritu Santo. Cuando tratamos de edificar solos, lo que obtenemos son muros débiles y temporales; pero cuando rendimos nuestra voluntad en la cruz, Dios edifica en nosotros una obra eterna.

LA CONSTRUCCIÓN CORRECTA – DISCIPLINA DIARIA CON CRISTO

La verdadera edificación espiritual requiere tomar la cruz cada día como una disciplina de amor y obediencia. No es un evento ocasional ni una emoción pasajera, sino una práctica constante que moldea nuestro carácter y nos sostiene en medio de las pruebas. Cada día que cargamos la cruz, recordamos que hemos decidido seguir a Cristo sin condiciones.

Tomar la cruz diariamente significa rendir la voluntad personal. Cada decisión, cada deseo y cada plan se colocan bajo el señorío de Jesús. La vida del creyente se convierte en un edificio alineado al plano del Arquitecto divino, donde nada se construye fuera de su diseño. Así como un constructor consulta constantemente el plano, el cristiano que carga la cruz consulta siempre la voluntad de Dios antes de avanzar.

La disciplina diaria también fortalece la resistencia espiritual. Las pruebas y dificultades se convierten en parte del proceso de edificación, porque enseñan a depender de Dios y no de uno mismo. Cada día de perseverancia añade solidez al muro de la fe, hasta que la vida espiritual se convierte en una fortaleza impenetrable frente al enemigo.

La cruz es también un recordatorio de identidad. Al cargarla, proclamamos que pertenecemos a Cristo y que nuestra vida ya no es nuestra. Esa declaración diaria nos libra del orgullo, nos mantiene humildes y nos centra en el propósito eterno de Dios. El creyente que toma la cruz cada día no se confunde con las corrientes del mundo, porque su mirada está fija en el Señor.

Además, esta disciplina produce fruto en lo cotidiano. La cruz nos enseña a amar al prójimo, a servir con sacrificio y a vivir en santidad. No es solo un símbolo espiritual, sino una práctica que afecta nuestro carácter y nuestras acciones diarias. Cada ladrillo colocado bajo la sombra de la cruz refleja a Cristo en nuestras relaciones, decisiones y actitudes.

La comunidad de fe también es vital en este proceso. Nadie carga la cruz completamente solo. Aunque cada uno tiene su propia responsabilidad, la iglesia se convierte en un lugar donde nos animamos, nos exhortamos y nos ayudamos mutuamente a perseverar. Así, los muros de nuestras vidas se levantan juntos, formando un edificio sólido que glorifica a Dios.

La perseverancia diaria con Cristo nos libra de la inconstancia. Mientras muchos inician pero pocos terminan, el que toma la cruz cada día avanza paso a paso hasta completar la obra. No se trata de rapidez, sino de fidelidad. El que persevera hasta el fin será salvo, y esa perseverancia se edifica en la cruz diaria.

Finalmente, la construcción correcta nos lleva a una vida plena en Cristo. Tomar la cruz no es una carga pesada que destruye, sino un privilegio que transforma. Cada día de rendición fortalece, cada acto de obediencia edifica y cada momento de dependencia afirma el edificio espiritual. La cruz diaria es el camino seguro para levantar una vida firme y eterna en el Señor.

CONCLUSIÓN

La toma de la cruz cada día es el principio que asegura la perseverancia en la edificación espiritual. Negarse frágilmente, distorsionar la cruz con ascetismo o vivir de autosuficiencia son errores que levantan muros débiles y temporales. Solo la disciplina diaria con Cristo levanta una obra firme que permanece a pesar de la adversidad.

El llamado es claro: no basta con comenzar, hay que continuar. La cruz no se toma una sola vez, se toma cada mañana al decidir vivir para Cristo y no para uno mismo. Ese acto de rendición constante convierte nuestra vida en un edificio sólido, capaz de resistir cualquier tormenta y de glorificar al Señor en todo momento.

CAPÍTULO 14

EL TEMPLO COMPLETO: UN CORAZÓN DONDE HABITA LA GLORIA DE DIOS

1 Corintios 3:16

¿No sabéis que sois templo de Dios, y que el Espíritu de Dios mora en vosotros?

INTRODUCCIÓN

Un edificio puede ser grande, llamativo y estar lleno de detalles arquitectónicos, pero si está vacío en su interior, carece de verdadero propósito. De la misma manera, el creyente puede tener apariencia de espiritualidad, pero si no es morada del Espíritu Santo, su vida se convierte en un cascarón sin sustancia. Pablo fue claro: no somos simples estructuras, somos templos vivos donde debe habitar la gloria de Dios.

El templo espiritual no se mide por lo visible, sino por la presencia divina que llena cada espacio del corazón. Así como en el Antiguo Testamento el tabernáculo y luego el templo de Jerusalén fueron diseñados para albergar la gloria del Altísimo, ahora cada creyente y la iglesia como cuerpo son llamados a ser morada santa. No basta con levantar paredes espirituales; la verdadera edificación solo tiene sentido si Dios habita en medio de ella.

El error de muchos en la iglesia moderna es edificar templos incompletos. Algunos levantan fachadas que impresionan, pero sin la presencia real de Dios en su interior. Otros se enfocan en lo externo, en la estética y en la organización, olvidando la esencia: ser morada de Cristo. Y otros prefieren un cristianismo privado e individualista, aislado del cuerpo, como si pudieran ser templos solitarios desconectados del diseño de Dios.

Este capítulo nos confronta con tres desviaciones comunes: un templo frágil, un templo distorsionado y un templo individualista. Finalmente, veremos cuál es la construcción correcta: un templo completo y vivo donde el Espíritu de Dios habita, dirige y manifiesta su gloria, transformando no solo al creyente, sino a la comunidad que lo rodea.

Templo frágil – apariencia sin presencia

Un templo frágil es aquel que parece imponente por fuera, pero está vacío por dentro. Es como un edificio terminado con hermosas fachadas, pero que nunca fue habitado. Así ocurre con quienes muestran religiosidad externa pero carecen de la presencia de Dios en su vida diaria. Hablan de fe, pero su corazón está distante del Señor.

La Biblia presenta este mismo problema en el pueblo de Israel cuando el arca de la presencia fue retirada. El templo seguía en pie, los rituales continuaban, pero la gloria se había apartado. Esa es la tragedia de un cristianismo de fachada: luces, cantos y programas, pero sin la unción del Espíritu. No hay nada más frágil que un templo vacío.

El creyente con un templo frágil suele engañarse pensando que con actividades religiosas ya cumple con Dios. Asiste a la iglesia, canta, incluso sirve, pero su vida interior carece de búsqueda y comunión. La apariencia se sostiene mientras no haya presión, pero cuando llegan las pruebas, la falta de presencia se hace evidente.

Un templo sin la gloria de Dios no es templo, es solo edificio. Así también, una vida sin el Espíritu Santo no es un verdadero testimonio de Cristo. La construcción espiritual se vuelve frágil, incapaz de resistir, porque fue levantada sin lo más importante: la presencia que llena y sostiene cada área del corazón.

Templo distorsionado – enfoque en lo externo

Otra desviación común es el templo distorsionado, cuando la atención se centra en lo externo en lugar de lo interno. Se priorizan las formas, la estética y la impresión hacia los demás, pero se descuida lo esencial: que la gloria de Dios habite en medio. Es como una casa decorada con lujo, pero con cimientos débiles y sin vida en su interior.

Jesús confrontó este problema con los fariseos, a quienes llamó "sepulcros blanqueados". Lucían impecables en lo exterior, pero estaban llenos de hipocresía y maldad por dentro. Ese es el riesgo de una construcción distorsionada: querer agradar a los hombres en lugar de agradar a Dios. El templo pierde su propósito cuando la apariencia sustituye a la presencia.

La obsesión por lo externo también puede verse en iglesias que miden su éxito por números, programas o edificios majestuosos, mientras descuidan la oración, la santidad y la enseñanza fiel de la Palabra. No importa cuán grande o atractivo sea el templo físico, si no hay presencia del Espíritu, la construcción está torcida.

El verdadero templo no se define por lo que se ve, sino por lo que se experimenta en la presencia de Dios. Un templo distorsionado se convierte en un museo espiritual: lleno de recuerdos y decoraciones, pero sin vida. Lo que sostiene la obra no son las formas humanas, sino la realidad de la gloria de Dios habitando en medio de su pueblo.

TEMPLO INDIVIDUALISTA – "MI FE ES PRIVADA, NO NECESITO IGLESIA"

Un error cada vez más común es pensar que la fe puede vivirse de manera completamente privada, sin necesidad de congregarse ni ser parte del cuerpo de Cristo. Estos creyentes dicen: "yo tengo mi fe, pero no necesito iglesia". Es como querer ser templo aislado en medio del desierto: puede estar construido, pero nunca cumplirá su propósito.

El problema de este enfoque es que contradice el diseño divino. En el Nuevo Testamento, la iglesia no es presentada como templos individuales desconectados, sino como piedras vivas que juntas forman una morada santa. Pretender vivir el cristianismo en aislamiento es edificar fuera del plano del Arquitecto celestial.

El templo individualista carece de corrección y apoyo. Al estar aislado, no recibe exhortación, no comparte dones, no participa en la coinonía que fortalece la fe. Es como una pared levantada sola: puede sostenerse por un tiempo, pero nunca completará la estructura. Dios nos diseñó para ser cuerpo, no islas.

Además, esta visión privada de la fe se convierte en un refugio cómodo para evitar compromiso y responsabilidad. El creyente se engaña pensando que está bien con Dios, pero su falta de comunión lo deja expuesto y vulnerable. La fe privada no puede suplir la necesidad del templo vivo: la iglesia unida como morada de la gloria de Dios.

LA CONSTRUCCIÓN CORRECTA – MORADA VIVA DEL ESPÍRITU

La verdadera construcción es el templo completo donde habita la gloria de Dios. Pablo nos recuerda que somos templo del Espíritu Santo, tanto individualmente como en comunidad. La presencia de Dios no busca fachadas ni rituales vacíos, sino corazones dispuestos a ser llenados por Él cada día.

Un templo vivo se construye con santidad. La pureza del corazón no es opcional, es indispensable para que la gloria de Dios permanezca. Así como en el Antiguo Testamento los sacerdotes debían consagrarse antes de entrar en el lugar santo, hoy cada creyente debe rendir su vida al Señor para ser morada digna de su Espíritu.

La construcción correcta también se fundamenta en la Palabra. No hay templo verdadero si no está alineado al diseño del Arquitecto divino. Cada enseñanza, cada decisión y cada práctica deben estar sustentadas en la Escritura, porque ella es la regla que asegura que la edificación no se desvíe.

El templo completo es, además, un lugar de adoración constante. No se limita a momentos en el templo físico, sino que convierte toda la vida en altar. El creyente que es morada del Espíritu vive en gratitud, obediencia y entrega. Su corazón se convierte en un lugar donde siempre arde la llama de la adoración.

La comunidad juega un papel esencial en esta construcción. Cada creyente es una piedra viva, pero es al unirse con otros donde se forma el edificio completo. La gloria de Dios se manifiesta de manera especial cuando su pueblo se congrega en unidad, porque allí fluye su presencia como en un templo santo.

Este templo también es testimonio para el mundo. Cuando los incrédulos ven una iglesia llena del Espíritu Santo, reconocen que Dios está presente. No necesitan discursos elaborados, porque la gloria de Dios se manifiesta en la vida y en la comunión de los creyentes. Esa es la mayor evidencia de que somos morada divina.

El templo vivo se mantiene firme en la prueba. Así como el tabernáculo fue levantado en medio del desierto y permaneció, el creyente lleno del Espíritu resiste la adversidad. La presencia de Dios lo sostiene aun cuando todo alrededor se derrumba. La gloria en su interior es más fuerte que cualquier ataque externo.

Finalmente, el templo completo refleja el propósito eterno: que Dios habite en medio de su pueblo. Desde Génesis hasta Apocalipsis, el deseo del Señor ha sido morar con los hombres. Cuando permitimos que nuestro corazón y la iglesia sean su templo, vivimos el cumplimiento de ese anhelo divino. La gloria del Altísimo llena la obra, y todo se convierte en un testimonio de su poder y amor.

Conclusión

El templo espiritual no se trata de fachada ni de rituales externos, sino de la presencia de Dios habitando en el corazón y en la iglesia. Un templo frágil carece de su gloria, un templo distorsionado prioriza lo externo y un templo individualista se aísla del cuerpo. Pero el templo completo es morada viva del Espíritu, lleno de santidad, palabra y adoración.

El llamado es claro: examina tu vida y tu iglesia. ¿Eres templo de fachada o morada real del Altísimo? La gloria de Dios no busca estructuras vacías, busca corazones rendidos. Permite que tu vida sea templo completo, donde cada ladrillo refleje su santidad y donde la presencia del Espíritu Santo habite para siempre.

PARTE 6
LA MALA CONSTRUCCIÓN Y LA PRUEBA FINAL (COMO SE SI MI CONSTRUCCIÓN ES SÓLIDA)

CAPÍTULO 15 – LA CASA SOBRE LA ARENA: EL PELIGRO DE IGNORAR EL DISEÑO DIVINO

Mateo 7:26-27

Pero cualquiera que me oye estas palabras y no las hace, le compararé a un hombre insensato, que edificó su casa sobre la arena; y descendió lluvia, y vinieron ríos, y soplaron vientos, y dieron con ímpetu contra aquella casa; y cayó, y fue grande su ruina.

INTRODUCCIÓN

En toda construcción, el fundamento es lo que determina la resistencia del edificio. Una casa puede lucir hermosa y moderna, pero si está sobre arena, no resistirá la tormenta. Jesús utilizó esta ilustración para mostrar el peligro de escuchar la Palabra sin obedecerla. No se trata de cuánto sabemos ni de cuán rápido levantamos la obra, sino de si estamos cimentados en el diseño divino.

La arena simboliza lo inestable, lo superficial y lo pasajero. Construir sobre ella representa vivir según nuestras propias ideas, emociones o conveniencias, sin atender a la dirección de Dios. Es el error de quienes se conforman con la apariencia externa sin preocuparse por la profundidad del fundamento. Al principio todo parece estar bien, pero cuando llegan las lluvias, se revela la fragilidad.

Este capítulo es una advertencia contra la construcción espiritual deficiente. Muchos creyentes modernos se conforman con avanzar rápido, impresionar a otros o vivir de autoengaños que los hacen sentir seguros. Sin embargo, cuando la prueba llega, todo lo levantado sin obediencia a Cristo se derrumba estrepitosamente. La ruina de una casa sobre arena no es parcial: es total y visible para todos.

Por eso, debemos examinar con seriedad qué sustenta nuestra vida. ¿Estamos obedeciendo la Palabra o solo oyéndola? ¿Nuestra fe es profunda o superficial? ¿Lo que hemos levantado resiste la tormenta, o está destinado a caer? Jesús no habló de si vendrían las tormentas, sino de que ciertamente vendrían. La diferencia no está en la fuerza del viento, sino en la calidad del fundamento.

CONSTRUCCIÓN RÁPIDA PERO FRÁGIL

Una casa sobre la arena se levanta con rapidez. No hace falta cavar, no requiere paciencia ni esfuerzo adicional. En lo espiritual, este es el camino de quienes buscan resultados inmediatos, un evangelio fácil que promete bendiciones rápidas sin el costo de la obediencia y la perseverancia.

La rapidez engaña porque crea la ilusión de progreso. Alguien puede mostrar ministerios en crecimiento, programas activos y discursos elocuentes, pero sin un cimiento real en Cristo. Es como una pared levantada sin nivel ni soporte: puede impresionar por un momento, pero está destinada a colapsar.

El problema de lo rápido es que sacrifica lo profundo. Así como un constructor responsable sabe que debe invertir tiempo en excavar para poner zapatas firmes, el creyente maduro entiende que la fe sólida requiere disciplina, renuncia y obediencia diaria. Lo que se levanta con prisa suele ser lo primero en caer cuando llega la tormenta.

Dios no nos llama a construir rápido, sino a construir firme. La paciencia en el proceso forma carácter, y la perseverancia en la obediencia asegura permanencia. Una vida levantada sobre arena puede crecer de inmediato, pero solo la edificada sobre roca permanece para siempre.

CONSTRUCCIÓN APARENTE – FACHADA SIN BASE

Otra característica de la casa sobre la arena es que puede lucir idéntica a la que está sobre la roca. Desde afuera, ambas casas parecen seguras, pero la diferencia está en lo que no se ve: el fundamento. Así ocurre en lo espiritual con aquellos que construyen una fachada religiosa sin un corazón rendido a Cristo.

La apariencia es peligrosa porque engaña tanto al que la vive como a quienes lo rodean. Se puede predicar, cantar, asistir a la iglesia y aparentar santidad, mientras en lo íntimo no existe obediencia a la Palabra. Es como pintar de blanco un muro agrietado: por fuera parece firme, pero por dentro está roto.

Jesús denunció a los fariseos precisamente por este tipo de construcción aparente. Eran expertos en lo externo, pero descuidaban lo más importante: la justicia, la misericordia y la fe. Un cristianismo basado en fachada es como un templo vacío: impresiona por fuera, pero no tiene vida en su interior.

La fachada sin base tarde o temprano será expuesta. La tormenta no pregunta por la apariencia, prueba la estructura. El creyente que vive de lo externo puede sostenerse un tiempo, pero cuando llegan los vientos, su vida se derrumba porque nunca estuvo cimentada en obediencia verdadera al Señor.

Construcción del autoengaño

La casa sobre la arena también representa a quienes viven engañados creyendo que están seguros cuando en realidad no lo están. Es el autoengaño de confundir información con transformación, religión con fe viva, o emociones con convicción. Estas personas oyen la Palabra, pero no la ponen en práctica.

El autoengaño es más peligroso que la ignorancia, porque da una falsa sensación de seguridad. El que no conoce la verdad puede ser corregido, pero el que cree estar bien se resiste al cambio. Así ocurre con quienes piensan que porque escuchan predicaciones, repiten versículos o participan en actividades, ya están firmes, aunque su vida no refleje obediencia.

Jesús fue claro: no basta con oír, hay que hacer. El que construye sobre arena es el que escucha, pero no aplica. Es como quien tiene los planos del arquitecto pero decide improvisar. Al final, el resultado no resiste. La tormenta revela si nuestra fe era genuina o solo un espejismo.

El autoengaño espiritual es un muro hueco: aparenta sostener, pero está vacío por dentro. La única manera de evitarlo es examinar nuestra vida a la luz de la Palabra y permitir que el Espíritu Santo nos confronte. Solo así sabremos si estamos sobre roca o si hemos levantado una casa ilusoria sobre arena.

Cómo identificar si creemos estar sobre roca pero no lo estamos

La advertencia de Jesús nos obliga a examinarnos con cuidado, porque es posible creer que estamos firmes cuando en realidad edificamos sobre arena. El problema no siempre es evidente, porque la arena puede disfrazarse de firmeza temporal, pero tarde o temprano se revela en la prueba. El creyente sabio es aquel que revisa constantemente su fundamento.

La primera señal de un fundamento en arena es la falta de obediencia práctica. Escuchar sin aplicar es construir sin cavar. Muchos se conforman con conocer la Biblia, pero no permiten que transforme su carácter ni sus decisiones. Una fe que no se traduce en obediencia es fachada sin cimiento.

La segunda señal es la inconstancia en la adversidad. Si nuestra fe solo se mantiene en tiempos de bonanza, pero se derrumba ante la mínima dificultad, es señal de que está apoyada en arena. La roca no evita la tormenta, pero asegura permanencia. El que permanece firme en medio de la prueba demuestra que está cimentado en Cristo.

Otra señal clara es la dependencia excesiva de lo externo. Si nuestra vida espiritual depende únicamente de las emociones, del ambiente de la iglesia o de la aprobación de otros, estamos en riesgo. La roca es Cristo mismo, que permanece aunque todo lo demás cambie. El creyente sobre arena vive de estímulos; el que está sobre la roca vive de convicción.

La cuarta señal es la ausencia de frutos visibles. Una casa sobre roca produce frutos de santidad, obediencia y perseverancia. Una casa sobre arena puede aparentar, pero no deja resultados duraderos. Jesús dijo que por sus frutos los conoceremos, y el fruto siempre revela la raíz.

También debemos examinar nuestras prioridades. Si construimos más sobre lo material, el prestigio o la comodidad que sobre la Palabra, estamos edificando sobre arena. Lo que se levanta en base a lo temporal termina siendo arrastrado por los ríos del tiempo. Solo lo eterno permanece.

El autoengaño más peligroso es creer que porque tenemos experiencias espirituales, ya estamos firmes. Pero Jesús fue claro: la verdadera seguridad no está en las experiencias, sino en la obediencia. Muchos dirán "Señor, Señor" en aquel día, pero serán hallados sin fundamento porque nunca hicieron la voluntad del Padre.

Finalmente, identificar la arena es una gracia de Dios. Cuando el Espíritu Santo revela grietas en nuestro fundamento, no lo hace para condenarnos, sino para invitarnos a cavar más profundo. El llamado es a revisar el corazón, derribar lo que fue levantado sin obediencia y comenzar de nuevo sobre la roca que es Cristo. Mejor corregir hoy que lamentar mañana una ruina grande y pública.

Conclusión

La casa sobre la arena es el retrato del cristianismo superficial que oye, pero no obedece. Es rápida pero frágil, atractiva pero vacía, y segura solo en apariencia. La tormenta siempre llega, y cuando lo hace, la diferencia entre roca y arena se hace evidente.

El llamado es urgente: examina tu fundamento. No te conformes con fachada ni con emociones pasajeras. Cava profundo en obediencia, renuncia y fidelidad a Cristo. Solo así tu vida será casa firme sobre la roca, capaz de resistir toda tormenta y de permanecer como testimonio de la gloria de Dios.

CAPÍTULO 16

LOS VIENTOS Y LAS TORMENTAS: LA PRUEBA DEL EDIFICIO

Mateo 7:25

Descendió lluvia, y vinieron ríos, y soplaron vientos, y golpearon contra aquella casa; y no cayó, porque estaba fundada sobre la roca.

INTRODUCCIÓN

Toda construcción, por más sólida que parezca, será probada por los elementos. Los ingenieros saben que un edificio no se demuestra fuerte en los días soleados, sino en las noches de tormenta. De la misma manera, la vida espiritual no se mide en los momentos de calma, sino cuando llegan las lluvias, los ríos y los vientos que sacuden lo más profundo de nuestra fe. Jesús mismo advirtió que las tormentas no eran una posibilidad, sino una certeza.

En la parábola de la casa sobre la roca y la casa sobre la arena, la diferencia no estaba en si llegaban las tormentas, sino en dónde estaba puesto el fundamento. Esto significa que todos seremos probados: el creyente fiel y el negligente, el maduro y el inmaduro, el que construyó sobre roca y el que levantó sobre arena. La tormenta no discrimina, pero revela lo que hay en lo secreto.

Cada viento y cada prueba se convierten en un examen de la estructura espiritual que hemos levantado. Algunas casas resisten con firmeza porque han cavado profundo en Cristo; otras se desploman estrepitosamente porque confiaron en lo superficial. Lo que parecía fuerte se descubre débil, y lo que parecía pequeño se demuestra indestructible.

Este capítulo nos invita a reflexionar sobre las diferentes pruebas que enfrentamos en el caminar cristiano. La adversidad, la abundancia, la oposición espiritual, la corrección divina y el paso del tiempo son vientos inevitables que probarán si hemos edificado conforme al diseño divino. No se trata de evitarlos, sino de enfrentarlos con un fundamento seguro en Cristo.

LA PRUEBA DE LA ADVERSIDAD PERSONAL

La primera tormenta que golpea la vida cristiana es la adversidad personal. Enfermedades, pérdidas, traiciones o crisis inesperadas se convierten en vientos fuertes que buscan derribar nuestra fe. Es en esos momentos cuando se revela si realmente confiamos en el Señor o si nuestra fe dependía de las circunstancias favorables.

Muchos construyen una fe basada en el bienestar. Mientras todo marcha bien, se sienten fuertes; pero cuando llega el dolor, se tambalean. Una fe frágil se derrumba en medio de la adversidad porque nunca cavó en la Palabra ni en la oración. Sin fundamento en Cristo, la tormenta arrastra todo lo construido.

Sin embargo, la adversidad puede convertirse en una oportunidad para probar la firmeza de nuestra edificación. Job es un ejemplo de un edificio espiritual probado por el dolor. Aunque perdió bienes, hijos y salud, pudo declarar: "Jehová dio, y Jehová quitó; sea el nombre de Jehová bendito". La tormenta no destruyó su casa porque su confianza estaba cimentada en Dios.

Cada adversidad personal es un examen de nuestras raíces. Nos enseña que la verdadera fortaleza no proviene de nuestras fuerzas, sino de Aquel que habita en nosotros. Si la fe permanece en medio de la tormenta, es señal de que hemos construido sobre la roca eterna.

LA PRUEBA DE LA ABUNDANCIA

No solo la escasez prueba la vida cristiana, también la abundancia. Cuando todo sobra, cuando las puertas se abren, cuando hay éxito y prosperidad, aparece otra clase de viento: la tentación de olvidar al Arquitecto divino. Muchos edificios espirituales se han derrumbado no por la falta, sino por el exceso.

La abundancia puede llevar al orgullo y a la autosuficiencia. El corazón comienza a confiar en las riquezas, en la comodidad o en los logros personales, y poco a poco se desplaza a Cristo del centro. Es como una casa que comienza a llenarse de adornos costosos pero descuida las bases: cuando llega el peso, el edificio colapsa.

Israel enfrentó esta prueba en la tierra prometida. Dios les advirtió: "Cuídate, no te olvides de Jehová... no sea que comas y te sacies, y edifiques buenas casas... y se enorgullezca tu corazón, y te olvides de Jehová tu Dios" (Deut. 8). La abundancia sin gratitud ni dependencia es arena que no resiste el tiempo.

Un creyente que construye sobre la roca entiende que todo lo que posee proviene de la mano de Dios. La prosperidad no lo aparta, sino que lo acerca más al Señor en gratitud y mayordomía. Si en la abundancia seguimos dependiendo del Padre, demostramos que el edificio espiritual no está sostenido por bienes, sino por el fundamento eterno.

LA PRUEBA DE LA OPOSICIÓN ESPIRITUAL

Otro viento que golpea con fuerza es la oposición espiritual. El enemigo de nuestras almas se levanta con ataques, tentaciones y acusaciones para debilitar nuestra confianza en Dios. Esta tormenta no se ve en lo natural, pero se siente en lo más profundo del corazón y de la mente.

La oposición espiritual busca quebrar muros internos. Pensamientos de duda, desánimo y condenación golpean como ráfagas de viento en medio de la noche. Si no tenemos fundamentos sólidos en la Palabra y en la oración, fácilmente podemos ser arrastrados por esas corrientes invisibles.

Jesús mismo enfrentó esta prueba en el desierto, cuando Satanás intentó hacerlo tropezar usando incluso la Escritura torcida. Pero cada ataque fue respondido con un "Escrito está", demostrando que solo la roca de la Palabra puede sostenernos en medio del viento espiritual.

El creyente que edifica correctamente entiende que la oposición no es señal de abandono, sino de prueba. La tormenta revela que la casa está en construcción y que el enemigo no soporta verla firme. Si resistimos en el poder de Dios, veremos que los vientos no derriban la casa, sino que confirman la solidez de nuestro fundamento en Cristo.

LA PRUEBA DE LA CORRECCIÓN DIVINA

No todas las tormentas provienen del enemigo. Algunas son permitidas por Dios como disciplina y corrección. Hebreos 12 declara que "al que ama, disciplina". Estas pruebas duelen, porque exponen nuestras fallas, pero no buscan destruirnos, sino hacernos más fuertes.

La corrección divina es como el viento que sacude un edificio para revelar dónde hay grietas. Es incómodo, pero necesario. Muchos creyentes rechazan la corrección porque prefieren un evangelio cómodo, pero sin corrección no hay crecimiento. Una casa que nunca es inspeccionada corre el riesgo de derrumbarse en silencio.

Cuando el Señor nos disciplina, está demostrando que somos hijos y no extraños. El viento de la corrección remueve lo que estorba y nos obliga a reforzar el fundamento. Aunque en el momento no lo entendamos, con el tiempo reconocemos que fue por amor y para nuestro bien.

El creyente sabio no huye de la disciplina, sino que se somete al Arquitecto divino. Solo así la tormenta de la corrección se convierte en una oportunidad para edificar más firme y vivir en mayor obediencia al Señor.

La prueba del tiempo

Quizás la más sutil de todas las tormentas es la del tiempo. A diferencia de la adversidad o de la oposición, el tiempo no llega con violencia repentina, sino con desgaste silencioso. El paso de los años prueba la constancia, la perseverancia y la autenticidad de nuestra fe.

Muchos comienzan la carrera con entusiasmo, pero el tiempo revela quiénes han cimentado en la roca y quiénes construyeron sobre arena. El cansancio, la rutina y las distracciones son como lluvias constantes que desgastan los muros. Si el fundamento no es Cristo, poco a poco el edificio se agrieta hasta derrumbarse.

La perseverancia es la verdadera marca de una fe sólida. Jesús dijo: "El que persevere hasta el fin, éste será salvo". No es suficiente haber edificado ayer, necesitamos seguir afirmando nuestra vida en Cristo hoy y cada día. La casa que permanece es la que resiste el peso del tiempo porque su base no es humana, sino eterna.

El tiempo es la tormenta que prueba lo invisible: la motivación, el compromiso y la fidelidad del corazón. Si seguimos firmes después de décadas, es porque realmente hemos edificado sobre la roca. Y esa constancia glorifica a Dios más que cualquier emoción pasajera.

Conclusión

Los vientos y las tormentas son inevitables en la vida del creyente. La adversidad, la abundancia, la oposición espiritual, la corrección divina y el paso del tiempo golpean nuestras paredes una y otra vez. Pero la diferencia no está en la intensidad de la tormenta, sino en el fundamento sobre el cual hemos edificado.

La invitación de Cristo es clara: no basta con oír su Palabra, hay que obedecerla. Solo así nuestra vida será una casa firme que, aunque vengan lluvias, ríos y vientos, permanecerá de pie. El edificio espiritual probado y aprobado no es el que nunca enfrenta tormentas, sino el que permanece en pie porque está cimentado en la roca eterna: Jesucristo.

EPÍLOGO

UNA CASA QUE PERMANECE

Has recorrido estas páginas como quien camina por un terreno donde Dios está levantando una obra. Has visto cómo todo comienza con un fundamento seguro en Cristo, cómo los pilares del arrepentimiento, la fe, la adoración y el testimonio le dan sostén, cómo las paredes de la Palabra, la oración, el ayuno y la comunión forman un espacio habitable, y cómo el techo del favor divino cubre al creyente que confía en Él. Ahora la pregunta es inevitable: **¿qué harás con lo que has aprendido?**

Una construcción no termina el día que se levanta el último muro. La verdadera prueba viene con el tiempo, con la lluvia, el viento y las tormentas. Jesús lo dijo con claridad: la diferencia no está en las casas que parecen fuertes, sino en aquellas que resisten. El desafío no es haber leído este libro, sino vivirlo día tras día. La arquitectura espiritual no es un diseño decorativo, es un plano de supervivencia y de victoria.

Este epílogo es un recordatorio pastoral: **no bajes la guardia**. Cada día volverán a surgir grietas, cada semana habrá que reforzar pilares, cada mes será necesario revisar paredes. La edificación espiritual no se hace una vez para siempre, se mantiene con constancia hasta que Cristo venga o nos llame a su presencia. No se trata de perfección inmediata, sino de fidelidad perseverante.

Al cerrar este libro, quiero que escuches la voz del Maestro Constructor que te dice: *"Sé fiel hasta la muerte, y yo te daré la corona de la vida."* (Ap. 2:10). Él no busca casas espectaculares, sino casas firmes. No espera un edificio impecable a ojos humanos, sino un templo vivo donde habite su Espíritu.

Tu vida no es solo tuya; es un testimonio visible que otros leen y observan. Una casa bien edificada no solo protege a quien vive en ella, sino que se convierte en refugio para otros. Así será tu vida si permaneces en Cristo: no solo resistirás, sino que serás sombra, amparo y señal de esperanza para los que te rodean.

Este es mi ruego final: **no te conformes con los planos**. Toma las herramientas, pon manos a la obra y permite que cada día sea una oportunidad para edificar. Cuando lleguen las tormentas —y llegarán—, que tu casa permanezca. Y cuando suene la trompeta final, que el Arquitecto eterno encuentre en ti una obra terminada, digna de su gloria.

APÉNDICE

Manual Práctico para la Reconstrucción Espiritual

Sección 1 – Autoevaluación Espiritual

Un creyente sabio revisa continuamente su edificación. Usa esta guía de preguntas para confrontarte delante de Dios:

El Fundamento – Cristo y la cruz

- ¿Está mi fe firmemente cimentada en el sacrificio de Cristo o en mis obras personales?

- ¿La cruz define mis decisiones diarias o solo la menciono como símbolo religioso?

Los Pilares – Arrepentimiento, fe, adoración y testimonio

- ¿Practico un arrepentimiento constante o me conformo con un remordimiento superficial?

- ¿Mi fe se mantiene aun en la tormenta, o depende de las circunstancias?

- ¿Adoro a Dios en espíritu y en verdad o dependo de la emoción del momento?

- ¿Mi testimonio es coherente en público y en privado, o hay grietas ocultas?

Las Paredes – Palabra, oración, ayuno y comunión

- ¿Leo la Palabra para obedecerla o solo para informarme?

- ¿Mi oración es diálogo constante con Dios o solo recurso en emergencias?

- ¿Practico el ayuno como disciplina espiritual o lo he descartado de mi vida?

- ¿Valoro la comunión congregacional o camino en aislamiento?

El Techo – Cobertura y favor divino

- ¿Vivo bajo la seguridad del favor de Dios o me esfuerzo por fabricarme mi propio "techo"?

- ¿Soy agradecido en todo o me domina la ansiedad por lo que no tengo?

Escribe tus respuestas con honestidad. La transparencia contigo mismo es el primer paso para que el Maestro Constructor pueda obrar.

Sección 2 — Autoevaluación Espiritual (con escala)

Evalúa cada área del "edificio" del 0 al 5 (0 = inexistente, 5 = sólido y constante). Anota una evidencia y un próximo paso concreto.

- **Fundamento (Cristo y la cruz):** ___ → Evidencia: _____ → Próximo paso: _____

- **Arrepentimiento:** ___ → Evidencia: _____ → Próximo paso: _____

- **Fe:** ___ → Evidencia: _____ → Próximo paso: _____

- **Adoración:** ___ → Evidencia: _____ → Próximo paso: _____

- **Testimonio:** ___ → Evidencia: _____ → Próximo paso: _____

- **Palabra:** ___ → Evidencia: _____ → Próximo paso: _____

- **Oración:** ___ → Evidencia: _____ → Próximo paso: _____

- **Ayuno:** ___ → Evidencia: _____ → Próximo paso: _____

- **Comunión:** ___ → Evidencia: _____ → Próximo paso: _____

- **Cobertura/Favor:** ___ → Evidencia: _____ → Próximo paso: _____

Compromiso (una frase): _____

SECCIÓN 3— EJERCICIO DE DIAGRAMA ("DIBUJA TU EDIFICIO ESPIRITUAL")

Usa una hoja en blanco y traza una casa. Completa cada paso con lápiz y luego repásalo en tinta al final.

1. **Traza la base (Fundamento)**

   o Dibuja una zapata que diga: **"Cristo y la cruz"**.

   o Escribe dentro: *"¿Qué decisión concreta alinea hoy mi vida con la cruz?"*

2. **Levanta los cuatro pilares**

   o Marca cuatro columnas y nómbralas: **Arrepentimiento, Fe, Adoración, Testimonio.**

   o En cada pilar, escribe:

      ▪ **Grieta principal** (debilidad real).

      ▪ **Refuerzo** (hábito/acción que la repara).

      ▪ **Fecha de inspección** (día para revisar avance).

3. **Dibuja las cuatro paredes**

   o Etiquétalas: **Palabra, Oración, Ayuno, Comunión.**

   o En cada pared, agrega dos "ventanas" con prácticas específicas (p. ej., "Plan de lectura", "Lista de intercesión", "Ayuno parcial 1 día", "Grupo celular").

4. **Coloca el techo (Cobertura/Favor divino)**

   o Escribe en el techo: **"Gratitud, Confianza, Providencia"**.

   o Debajo, anota 3 agradecimientos actuales y 3 promesas bíblicas que abrazas.

5. Tabla de evaluación visual (pega junto al diagrama)

Vas a evaluar cada elemento en las siguientes areas, Estado, Grietas, Refuerzos, Responnsable/Acompañante y la Fecha de Inspeccion. Esto lo puedes usar como una evaluacion periodica, de la misma forma que se evaluando los edificios.

Elemento	Estado (0–5)	Grietas	Refuerzos	Responsable/Acompañante	Fecha de inspección
Fundamento					
Arrepentimiento					
Fe					
Adoración					
Testimonio					
Palabra					
Oración					
Ayuno					
Comunión					
Cobertura					

Regla del inspector: si un área ≤ 2, programar de inmediato un "refuerzo" en las próximas 72 horas.

Sección 4 — Oraciones Modelo (breves y directas)

- **Fundamento:** "Jesús, hundo mi vida en tu cruz; gobiérname en todo."

- **Arrepentimiento:** "Padre, muéstrame pecado y límpiame hoy; me aparto de él."

- **Fe:** "Señor, confío en tu Palabra por encima de lo que veo y siento."

- **Adoración:** "Digno eres; mi vida te exalta dentro y fuera del templo."

- **Testimonio:** "Espíritu Santo, haz coherente mi vida; que otros vean tu luz."

- **Palabra:** "Abre mis ojos; quiero obedecer lo que leo."

- **Oración:** "Enséñame a orar sin desmayar; haz de la oración mi ritmo."

- **Ayuno:** "Domino mi carne para buscarte; habla a mi espíritu."

- **Comunión:** "Plántame en tu casa; dame amor y unidad con tu pueblo."

- **Cobertura:** "Gracias por tu favor; descanso bajo tu cuidado y provisión."

Sección 5 — Plan de 30 Días (detallado, día por día)

Nota: Lecturas bíblicas sugeridas. Ajusta tiempos de ayuno según tu salud; si tienes condiciones médicas, consulta a tu médico.

Días 1-7: Fundamento – Cristo y la cruz

Día 1 – "Solo Cristo"

- Lectura: 1 Co 3:11; Ef 2:20

- Objetivo: Afirmar a Cristo como única base.

- Acción: Escribe en 5 líneas tu testimonio de encuentro con Cristo.

- Oración: "Jesús, eres mi fundamento hoy y siempre."

- Indicador: Definí en una frase mi fundamento (sí/no).

Día 2 – "Roca vs. arena"

- Lectura: Mt 7:24-27
- Objetivo: Identificar arenas (hábitos/ideas).
- Acción: Lista 3 "arenas" y al lado su sustituto bíblico en roca.
- Oración: "Señor, cambio arena por roca."
- Indicador: 3 reemplazos completados.

Día 3 – "La cruz me define"

- Lectura: Gá 2:20
- Objetivo: Rendir voluntad/ego.
- Acción: Renuncia escrita a 2 autosuficiencias concretas.
- Oración: "Menos de mí, más de Ti."
- Indicador: 2 renuncias firmadas.

Día 4 – "Gracia, no obras"

- Lectura: Ef 2:8-10
- Objetivo: Desactivar perfeccionismo religioso.
- Acción: Sustituye una práctica por gracia obediente (p. ej., "debo impresionar" → "quiero agradar a Dios").
- Oración: "Vivo por gracia para buenas obras."
- Indicador: 1 sustitución aplicada hoy.

Día 5 – "Memorial de la cruz"

- Lectura: 1 Co 1:18
- Objetivo: Gloriarse solo en la cruz.
- Acción: Escribe 3 áreas donde la cruz venció (culpa, pecado, vergüenza).
- Oración: "La cruz es mi poder."
- Indicador: 3 áreas identificadas.

Día 6 – "Inspección de cimientos"

- Lectura: Sal 139:23-24
- Objetivo: Permitir examen profundo.
- Acción: 15 min en silencio, luego anota convicciones y un paso de obediencia.
- Oración: "Examíname y guíame."
- Indicador: 1 paso de obediencia calendarizado.

Día 7 – "Pacto de base"

- Lectura: Ro 12:1-2
- Objetivo: Formalizar entrega del fundamento.
- Acción: Redacta un "pacto de fundamento" (1 párrafo) y fírmalo.
- Oración: "Te pertenezco."
- Indicador: Pacto firmado y guardado.

Días 8-9: Pilar 1 – Arrepentimiento

Día 8 – "Arrepentíos"

- Lectura: Hch 3:19
- Objetivo: Diferenciar remordimiento vs. arrepentimiento.
- Acción: Escribe 2 pecados específicos; confiesa y plan de abandono.
- Oración: "Dame frutos dignos de arrepentimiento."
- Indicador: 2 planes con fecha.

Día 9 – "Limpiar el terreno"

- Lectura: 1 Jn 1:9; Pr 28:13
- Objetivo: Confesión completa.
- Acción: Si es necesario, busca a un mentor para confesión responsable.
- Oración: "Tu sangre me limpia."
- Indicador: Confesión hecha (sí/no).

Días 10-11: Pilar 2 – Fe

Día 10 – "Fe probada"

- Lectura: He 11:1,6; Stg 1:2-4
- Objetivo: Trasladar ansiedad a confianza.
- Acción: Escribe 3 preocupaciones → 3 promesas (con cita).
- Oración: "Creo, ayuda mi incredulidad."
- Indicador: 3 promesas visibles (pegadas).

Día 11 – "Obediencia hoy"

- Lectura: Lc 6:46-49
- Objetivo: Obedecer una instrucción clara.
- Acción: Obedece **hoy** una orden bíblica pendiente.
- Oración: "Mi fe se ve en mis pasos."
- Indicador: 1 obediencia ejecutada.

Días 12-13: Pilar 3 – Adoración

Día 12 – "En espíritu y en verdad"

- Lectura: Jn 4:23-24; Sal 95
- Objetivo: Adorar sin pedir nada.
- Acción: 20 min de adoración (solo exaltación).
- Oración: "Tú eres el centro."
- Indicador: Tiempo cumplido (minutos).

Día 13 – "Reverencia vs. show"

- Lectura: Sal 24:3-6; Sal 29
- Objetivo: Recuperar temor santo.
- Acción: Elimina 1 distracción en tiempos de culto.
- Oración: "Santo, santo, santo."
- Indicador: Distracción eliminada (sí/no).

Días 14-15: Pilar 4 — Testimonio

Día 14 — "Luz visible"

- Lectura: Mt 5:13-16
- Objetivo: Un acto visible de bondad.
- Acción: Sirve a alguien **sin** anunciarlo.
- Oración: "Que te vean a Ti, no a mí."
- Indicador: 1 servicio realizado.

Día 15 — "Coherencia"

- Lectura: Ro 12:17-21; 1 P 2:12
- Objetivo: Alinear palabra y conducta.
- Acción: Repara una incoherencia (pide perdón / devuelve / corrige).
- Oración: "Hazme íntegro."
- Indicador: Reparación efectuada.

Días 16-17: Pared 1 — Palabra

Día 16 — "Hacedores"

- Lectura: Stg 1:22-25
- Objetivo: Pasar de oír a hacer.
- Acción: Elige 1 mandato y cúmplelo hoy.
- Oración: "Tu Palabra en mis hechos."
- Indicador: Mandato cumplido (sí/no).

Día 17 – "Plan de lectura"

- Lectura: 2 Ti 3:16-17; Sal 119:9-11
- Objetivo: Establecer plan (libro corto: Filipenses).
- Acción: Agenda 20-30 min diarios/5 días.
- Oración: "Abre mi entendimiento."
- Indicador: Plan escrito (sí/no).

Días 18-19: Pared 2 – Oración

Día 18 – "Ritmo de oración"

- Lectura: Lc 18:1; 1 Ts 5:17
- Objetivo: Fijar horario y lugar.
- Acción: 2 bloques de 10 min (mañana/noche).
- Oración: "Enséñame a perseverar."
- Indicador: 2 bloques cumplidos.

Día 19 – "Intercesión específica"

- Lectura: 1 Ti 2:1-2; Col 4:2
- Objetivo: Lista de intercesión (5 nombres/5 causas).
- Acción: Ora por cada nombre hoy.
- Oración: "Haz tu obra en ellos."
- Indicador: Lista creada y orada.

Días 20-21: Pared 3 — Ayuno

Día 20 — "Ayuno que Dios escogió"

- Lectura: Is 58:6-11
- Objetivo: Ayuno con propósito (humildad + misericordia).
- Acción: Define tipo de ayuno (parcial/comida/digital) y propósito espiritual.
- Oración: "Rinde mi carne, sensibiliza mi espíritu."
- Indicador: Ayuno definido y programado.

Día 21 — "Ayuno practicado"

- Lectura: Mt 6:16-18
- Objetivo: Practicar el ayuno hoy.
- Acción: Une tu ayuno a oración y a un acto de generosidad.
- Oración: "Recompensa en lo secreto."
- Indicador: Ayuno realizado (sí/no) + acto de misericordia.

Días 22-23: Pared 4 — Comunión

Día 22 — "No aislarse"

- Lectura: He 10:24-25; Hch 2:42-47
- Objetivo: Reinserción congregacional real.
- Acción: Comprométete con un grupo/ministerio.
- Oración: "Plántame y hazme útil."
- Indicador: Compromiso tomado (sí/no).

Día 23 – "Unidad práctica"

- Lectura: Ef 4:1-3; Col 3:12-15
- Objetivo: Practicar perdón/soporte fraternal.
- Acción: Reconcíliate con alguien o bendícelo intencionalmente.
- Oración: "Hazme hacedor de paz."
- Indicador: Acción de paz realizada.

Días 24-28: Techo – Cobertura y Favor

Día 24 – "Gratitud como techo"

- Lectura: 1 Ts 5:18; Sal 103
- Objetivo: Cultura de gratitud.
- Acción: Escribe 10 gracias hoy.
- Oración: "Tu bien me cubre."
- Indicador: 10 ítems completados.

Día 25 – "Jehová Jireh"

- Lectura: Mt 6:25-34; Fil 4:19
- Objetivo: Cambiar ansiedad por confianza.
- Acción: Cierra 1 bucle de preocupación con una decisión práctica (p. ej., presupuesto, llamada pendiente).
- Oración: "Yo confío en tu provisión."
- Indicador: Decisión tomada (sí/no).

Día 26 – "Paz que guarda"

- Lectura: Fil 4:6-7; Jn 14:27

- Objetivo: Practicar la paz en conflicto.

- Acción: Entrega por escrito tu preocupación y ora por ella 3 veces hoy.

- Oración: "Guarda mi mente y corazón."

- Indicador: 3 oraciones registradas.

Día 27 – "Bajo sus alas"

- Lectura: Sal 91

- Objetivo: Reconocer protección espiritual.

- Acción: Memoriza 2 versículos del Sal 91 y decláralos.

- Oración: "Mi refugio eres Tú."

- Indicador: 2 versículos memorizados.

Día 28 – "Favor para bendecir"

- Lectura: 2 Co 9:6-11

- Objetivo: Entender prosperidad como propósito.

- Acción: Bendice económicamente o con tiempo/servicio a alguien.

- Oración: "Hazme canal, no estanque."

- Indicador: Bendición realizada.

Días 29-30: Evaluacion — Inspeccion y Seguimiento

Día 29 — "Inventario final"

- Lectura: Sal 116

- Objetivo: Revisar todo el edificio.

- Acción: Repite la escala 0-5 de la Sección 1 y compárala con el Día 1.

- Oración: "Gracias por lo que edificaste."

- Indicador: Mejoras notadas (sí/no) + 3 áreas para seguir reforzando.

Día 30 — "Acta de dedicación"

- Lectura: Jos 24:15; Ro 11:36

- Objetivo: Consagrar la casa.

- Acción: Escribe un "Acta de Dedicación" (10-12 líneas), léela en voz alta y, si es posible, preséntala ante tu pastor o familia.

- Oración: "Esta casa es tuya, Señor."

- Indicador: Acta firmada y presentada.

Sección 6 — Advertencia Pastoral

Casas iguales revelan su verdad en la tormenta. La que está en la Roca permanece. No vivas de emociones, apariencias ni atajos: **inspecciona, repara, refuerza**. La gracia de Dios está lista para enderezar lo torcido, pero la **decisión de construir bien** es tuya.

ACERCA DEL AUTOR

Diego Colón-Batiz es Obispo Ordenado con una trayectoria ministerial de décadas dedicadas a la predicación, la enseñanza y la formación de líderes y creyentes comprometidos con Cristo. Su ministerio se distingue por un mensaje profundamente bíblico, confrontativo y pastoral, que busca guiar a la iglesia a vivir en fidelidad y excelencia en medio de tiempos de confusión espiritual.

Es autor de *El Precio del Llamado: Lo que Significa Seguir a Cristo* (enfoque en el caminar personal del creyente), *El Ejército del Siglo 21: La Iglesia Armada para la Guerra Espiritual Moderna* (equipando a la iglesia como cuerpo en la batalla espiritual), *El Mensaje Perdido: Restaurando el Corazón del Evangelio en la Iglesia de Hoy* (llamado a recuperar la esencia del evangelio en la atmósfera moderna) y *Manual de Navegación Espiritual: Descubriendo el rumbo seguro en medio de la confusión moderna* (herramientas para identificar desvíos y recalibrar la vida conforme a la Palabra). Con *Arquitectura Espiritual: Un enfoque personal para reconstruir tu vida espiritual*, el autor continúa esa misma línea de pensamiento, ofreciendo un recurso práctico para examinar cimientos y edificar una vida sólida en Cristo.

Junto a su esposa, la Pastora Viviana, sirve en la Iglesia El Refugio en Winter Haven, Florida, bajo el lema: *"Un hogar para sanar y avanzar"*. Su vida y ministerio comparten un mismo propósito: levantar una iglesia bíblica, sensible al Espíritu y centrada en Cristo en todo lo que hace.

www.ingramcontent.com/pod-product-compliance
Lightning Source LLC
La Vergne TN
LVHW081323060426
835511LV00011B/1832